JN103499

キャリアアップのための GO言語入門

はじめに

2005年あたりから、「スクリプト言語」が勢いを増しました。

「Ajax」という名でJavaScriptの積極的な活用法が話題になったり、「Ruby on Rails」が基本的なソースコードを自動作成する現在のフレームワークのパイオニアとなったり、そしてPythonが人工知能プログラミングのほぼ主要言語となったり…

この勢いは、2023年になろうとしている本書執筆時にも衰えていない気がします。

一方で、「C/C++をもっと簡単にしたコンパイル言語」も意欲的に開発されてきました。

その代表格の1つが本書で紹介する言語「Go」です。

*

Goは、Googleがクラウドや検索、AIなどを扱う自社のサービスに最適化できる言語として開発し、現在ではクラウドコンピューティング、Webサービスなどを中心に企業を含む多くの組織で実際に用いられています。

また、「C/C++」が「処理の速さ」や「型指定の正確さ」のために保持している記法のうち、必要な部分のみを受け継ぎ、冗長さは廃して、より洗練されて読みやすいコードを書ける仕様になっています。

Goのもう1つの特長は、「Webサーバ」「数値演算」「並行処理」など、最近需要の多い技術を実現するコードを簡単に書けるような「ライブラリ」が備わっていることです。

そこで、本書は、このような実用的なプログラムを用いながら、Goプログラミングの基礎を解説していきます。

*

執筆時の動作環境は、「Windows11」「Go1.19」で、エディタは「Visual Studio Code」を使いました。

本書では、プログラミングエディタとして人気の高い「Visual Studio Code」についても、少しだけ解説しつつ進めていきます。

清水　美樹

キャリアアップのための Go言語入門

CONTENTS

サンプル・プログラムと付録PDFのダウンロード

　本書のサンプル・プログラムと付録PDF「GoのWebサーバでフォームを使う」は、工学社サイトのサポートコーナーからダウンロードできます。

＜工学社ホームページ＞

https://www.kohgakusha.co.jp/suppor_u.html

ダウンロードしたファイルを解凍するには、下記のパスワードを入力してください。

TN5g8f

すべて「半角」で、「大文字」「小文字」を間違えないように入力してください。

第1章

「Go」のはじめ方

Googleが、「C++」を意識して開発したとも言われるコンパイル型のプログラミング言語「Go」。

　スクリプト言語の勢いが強い中で、なぜ「コンパイル言語」なのか、どんな強みがあるのかを解説し、最初の実行プログラムを作成するまで環境構築をしていきます。

1-1　　　　　　プログラミング言語「Go」

　開発言語にJava, Python などを用いていたGoogleが「自前の言語」として開発したGo。

　今では、オープンソース言語として世界中で広く使われています。

■Goの簡単な歴史

●Googleが開発

　「Go」は、Googleによって2009年に発表されました。

　C++が1985年(C言語はもっと古い)、Pythonが1991年の発表であることを考えると、かなり新しい言語と言えます。

　それまでGoogleのアプリケーション開発プラットフォームでは、「Java」や「Python」などでフレームワークを作るようになっていましたが、自社のシステムに最適な言語として、Goが開発されたことになるでしょう。

　名前も、「Google」と関連付いています。

●Goのロゴとマスコット

　Goはオープンソース、コミュニティーによる開発・保守言語として公開されています。

　公式サイトのURLは、以下の通りです。

・Goの公式サイト

https://go.dev/

　Goのロゴは図1-1のように、いかにも「行くぞ！」という感じです。

　Goのマスコットは「gopher」(ゴーファー)という、地下に巣を掘る大きなネズミをイメー

ジさせるもので、なかなかユーモラスな姿をしています。

図1-1　「Go」のロゴマーク

図1-2　「Go」のマスコット「Gopher」(https://go.dev/blog/gopherに掲載)

●Goの実稼働

　Goは、Googleのサービスのほか、現在では商用も含む多くの組織で使われています。
　Goのサイトで発表されているだけでも、**図1-3**のような、クラウド・ネットワークサービス、Web開発など、多くのパートナー企業が揃っています。

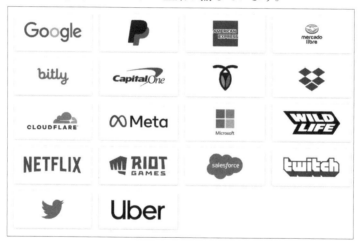

図1-3　Goのサイト上で紹介されているパートナー企業

■Goの特徴

●ソースファイルをコンパイルして実行ファイルを作成

　Goの言語としての特徴は、総じて「C/C++をもっと使いやすくしたもの」と考えるとイメージしやすいと思います。

　その共通点の1つは、「プログラマーが書いたファイルをコンパイルして、バイナリ

の実行ファイルをいったん作り、その実行ファイルがアプリケーションとなること」です。

「バイナリ」(OSの許可する範囲でハードウェアに直接命令を与える) なので、一度作れば、実行は速いです。

そして、「CLI」(コマンドラインインターフェイス)が充実している最近の言語らしく、最初の「実行」(run)コマンドで、バイナリ作成と実行が一度に行なわれます。
バイナリの元になる、プログラマーが規則や様式に従って書いたファイルを「ソースファイル」、コードの部分を「ソースコード」と呼びます。

スクリプト言語で言えば、「スクリプトファイル」がソースファイル、「スクリプト」がソースコードそのものを指します。

●関数「main」が実行関数

Goでは、実行時の関数として「main」という名前の関数が最初に実行されます。

本章でテストプログラムとして作成するような簡単なプログラムでも、必ずmainという名前の関数を作り、そこに処理を書きます。

●静的型付け、ポインタ使用

スクリプト派にとってはちょっと苦手かもしれない「静的型付け」(変数や引数、戻り値などの記載にデータ型を指定する)が規則です。
また、複合した構造のデータはその先頭データのアドレスで識別し、内容を「ポインタ」で表わします。 ただし、Goの場合は、いつもポインタを使わなければならない、というわけではないので、かなり簡単です。

●関数寄りだが、「オブジェクト指向」も表現可

複合した構造のデータは「構造体」で記述し、「クラスからオブジェクトを作成」はしません。

データの処理は、関数の引数にデータを渡すことで行ないますが、Goでは「データが処理を呼び出す」オブジェクト指向のような書き方もできます。

●最近需要の多い技術を簡単に記述

Goの最大の魅力は、最近の実用上需要の多い技術が簡単な記述で実現するように、「ライブラリ」が充実していることです。
例としては、Webサーバとクライアント、数値演算、並行処理などが挙げられます。

本書はGoをはじめて体験する方に向けた解説書ですが、それでも、こうした実用的なプログラムの作成を通じてGoプログラミングの基礎を楽しく学ぶことができます。

●ジェネリックなデータ型

Goはなるべく簡単な構造のプログラミングを目指しているため、複雑になりがちな「継承」の使用を備えない方針です。

複数のデータ型に対応する「ジェネリック」なデータ型の指定も発表当時は導入しない方針でしたが、開発者の要望が多かったとのことで2022年3月に発表のGo1.18から導入開始しました。

●「Rust」とほぼ同世代

全体として、Goはほぼ同時期(2010年)に登場したプログラミング言語「Rust」(https://www.rust-lang.org/)と似たところがあります。

Goを学べばRustも始めやすいと思います。

1-2　Goのインストール

プログラミング言語Goの開発・実行環境をWindowsにインストールします。
インストーラの指示に従うだけなので、それほど難しいことはありません。。

■Goのダウンロード

●Goのホームページから

Goはホームページからダウンロードします。
URLは1-1に掲げましたが、検索するときは「Go」だけでは範囲が広すぎるので、「Go programming language」までキーワードに指定するとヒットしやすいです。

本書執筆時のGoのサイトは、**図1-4**のようなデザインです。

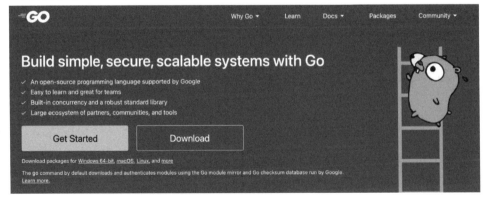

図1-4　Goのサイトとダウンロードボタン

サイトの見た目は時期によって多少変わるかもしれませんが、最初のページにダウン

ロードボタンが表示されるのは同じでしょう。

図1-4では、「Get Started」(始め方)と「ダウンロード」の2つのボタンがありますが、どちらを選んでも結局はダウンロードサイトに行き着きます。

「go1.19.1.windows-amd64.msi」といったWindowsインストーラをダウンロードできるので、ダブルクリックして起動します。

図1-5のようなインストールウィザードで、カスタム設定などは特に必要ないため、指示通りに進めます。
　インストーラは、環境変数などの必要な設定も自動でしてくれます。

図1-5　Goのインストールウィザード

■「Visual Studio Code」のインストール

Goプログラムの編集には、好きなエディタが使えますが、本書では無料で使える「Visual Studio Code」(VSCode)を用います。

ここでは、インストールの方法を解説するので、すでにこのエディタを先にお進みください。

●VSCodeのダウンロード

VSCodeは、以下のURLからダウンロードします。

・VSCode公式サイトのURL

https://code.visualstudio.com/

図1-6　VSCodeの公式サイトとダウンロードボタン

●VSCodeのインストール

　VSCodeのインストーラは「VSCodeUserSetup-x64-1.72.1.exe」のようなexe形式ですが、ダブルクリックするとインストールウィザードが起動します。

　これも、指示通りに進めます。

図1-7　初期設定のままインストールウィザードを進める

●配色テーマ

　VSCodeの配色テーマは、デフォルトでは「暗色系」に設定されています。

　これを変更するには、図1-8のメニューからテーマ一覧を表示させて選択します。

　本書では「明色系」で表示します。

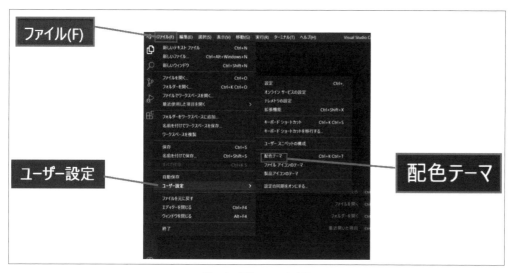

図1-8 配色テーマを変更

■VSCodeで作業用フォルダを開く

●本書用のフォルダを作成

まず、コードを書く作業をするためのフォルダを作りましょう。

基になるフォルダだけ作れば、そこからのフォルダやファイルの作成はVSCode上で操作できます。

本書では「Document」フォルダに「go」というフォルダを作ります。

●VSCodeでフォルダを開く

最初にVSCodeを開いたときは**図1-11**のように、左側の「エクスプローラ」に「フォルダを開く」ボタンが表示されます。

メニューで「ファイル」→「フォルダを開く」を選ぶこともできます。

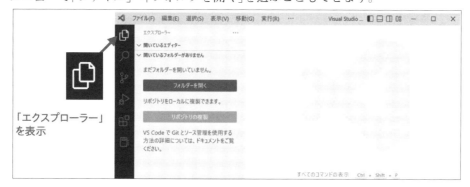

図1-9 VSCodeで最初にフォルダを開く

作った「go」フォルダを開きます。

すると、**図1-10**のようなウィンドウが表示され、このフォルダの作成者を信用するという確認を求められます。

これは、チームで共有フォルダを利用するときのための安全措置です。

左側の「信用する」ボタンをクリックすれば、この後は自由に操作できます。

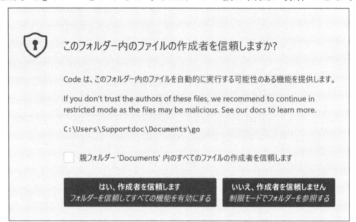

図1-10　左側の「このフォルダの作成者を信用する」をクリック

●VSCodeのエクスプローラを操作する

VSCodeの「エクスプローラ」で、「Go」フォルダの下にフォルダやファイルを作れます。

第2章で説明しますが、Goでは1つのプログラムを1つのフォルダにまとめて置いて動作させます。

最初に「hello」というプログラムを作りたいので、**図1-11**のように、「hello」というフォルダを作ってみましょう。

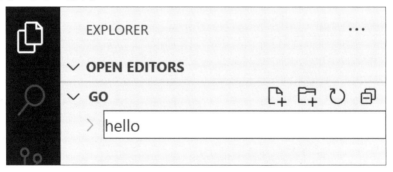

図1-11　エクスプローラでフォルダ作成

■VSCCodeで「ターミナル」を操作する

「ターミナル」とはもともと大型計算機の「端末」のことですが、PCでは「コマンドでシステムを操作できるソフトウェア」のことを指します。

Windowsでは、「Windows Power Shell」か「コマンドプロンプト」がターミナルに相当します。

VSCodeからターミナルを開いて、コマンドやスクリプトを実行できます。

VSCode上では、すでに**図1-12**のようにターミナルが開いていることが多いのですが、もし見えなかった場合はメニュー「表示」-「ターミナル」から開けます。

ターミナルは、VSCodeで開いたフォルダ「go」から開いた状態になっています。

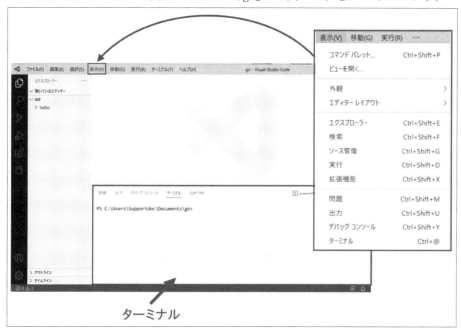

図1-12　VSCodeからターミナルを開く

1-3 はじめてのGoプログラム

動作確認のために、もっとも簡単なGoプログラムを作って、実行してみましょう。

■Goプログラムを書くファイル

●「hello」フォルダと「hello.go」

図**1-11**のように、VSCodeのエクスプローラを用いて「hello」フォルダを作りました。「hello」フォルダの下に、さらに「hello.go」を作ります。

VSCodeはGoもサポートしているので、拡張子だけで、図**1-13**のようにファイルアイコンが与えられます。

図1-13　VSCodeのエクスプローラで見る「hello」フォルダと「hello.go」ファイル

これで、エディタには自動的に空白の「hello.go」ファイルが表示されているでしょう（もし表示されていなかったら、図**1-13**のアイコンをクリックします）。

●はじめてのGoプログラム

「hello.go」を、リスト**1-1**のように編集します。
ほかの言語のようにあまり細かく補完はされないかもしれませんが、キーワードの強調表示はされるでしょう。

リスト1-1　hello.go

```go
package main

import "fmt"

func main(){
    fmt.Println("Go言語でごめんなさい")
}
```

詳しくは**第2章**で説明しますが、冒頭の「package」（パッケージ）の記述について、

「『hello』フォルダに入っているのだから、パッケージは『hello』でないのか?」と、不思議に思った人も多いでしょう。

でも、このファイルはターミナルで「hello」フォルダに入ってから実行します。

つまり、ターミナルの実行場所と同じ場所にある「裸のファイル」ということになります。

それでもパッケージ名はかならず表記し、ファイルが1つだけの場合は「main」にします。

出力する内容が「ごめんなさい」になっているのは、別にGo言語を使うのを悪いことと思っているわけではなく、Goとの語呂合わせで、奥ゆかしい挨拶と解釈してください。

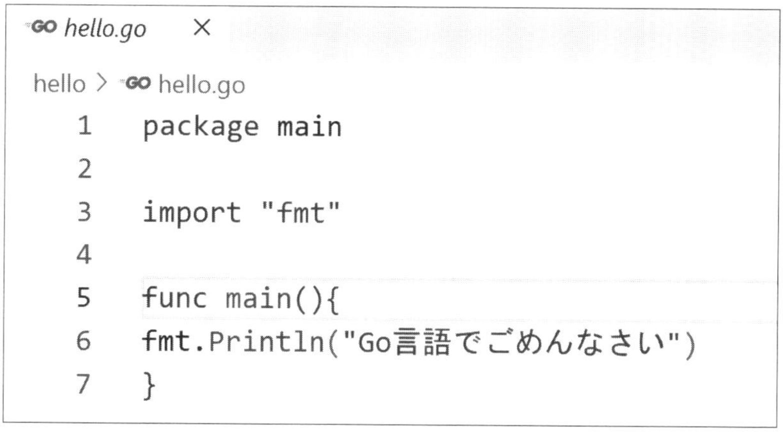

```go
hello > Go hello.go
1    package main
2
3    import "fmt"
4
5    func main(){
6    fmt.Println("Go言語でごめんなさい")
7    }
```

図1-15 VSCodeのエディタで編集した「hello.go」

●ファイルの保存に注意

VSCodeでは、ファイルを自動保存しません。

まだ、明示的なファイル保存のアイコンもないので、ファイルはメニューの「ファイル」→「保存」や、キーバインドの「Ctrl+S」で保存してから実行してください。

■Goプログラムの実行

●ターミナルからファイルを実行

「hello.go」のあるhelloフォルダにターミナル上で移動してから、リスト1-2のように、「go run」コマンドでファイルを実行します。

リスト1-2 VSCodeのターミナルでhello.goを実行

```
cd hello
go run hello.go
```

はじめての実行時には、わりとスペックのいいパソコンでも数秒間応答がなく、「まさか暴走?」と心配になるかもしれません。

しかし、時間がかかるのはコンパイルして実行ファイルhello.exeを作り、それを実行する自動処理のためです。

やがてターミナルに、「Go言語でごめんなさい」と応答が出たら、VSCodeの「エクスプローラ」を確認してください。

```
PS C:\Users\Supportdoc\Documents\go> cd hello
PS C:\Users\Supportdoc\Documents\go\hello> go run hello.go
Go言語でごめんなさい
PS C:\Users\Supportdoc\Documents\go\hello> █
```

図1-16　VSCodeのターミナルでgoを実行して得られた出力

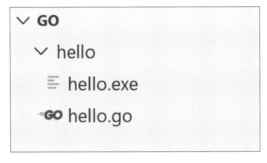

図1-17　VSCodeのエクスプローラで作成された実行ファイルを確認

●作成された実行ファイルを実行

計画した通りの実行ファイルが作成されたら、このファイルを直接実行できます。

今作った「hello.exe」を、これが存在する「hello」フォルダの中から実行するコマンドは、リスト1-3の通りです。

こんどは、すぐに応答が出るでしょう。

リスト1-3　作成されたhello.exeファイルを実行する

```
./hello
```

```
PS C:\Users\Supportdoc\Documents\go\hello> ./hello
Go言語でごめんなさい
```

図1-18　ターミナルで実行ファイルを普通に実行した結果

おめでとうございます。これで動作確認ができました。

次章では、この短いアプリケーションの意味を説明したあと、なんと「GoでWebサーバを書く」という大胆な課題に取り組みます。

第2章

Webサーバと基本的なデータの記述

これから、Goの基本を学んでいきますが、まずGoの「今どき」の言語らしい特長の1つ「Webサーバが簡単に書ける」を堪能して、これからの学習内容のベースとします。

本章では、基本的なデータの記述法を一気に紹介します。

2-1 Helloプログラムの解説

第1章でGoの動作確認として作成したプログラム「hello.go」。

きわめて短い内容ながら、重要な記法・規則を多く含みます。このプログラムから分かることを探してみましょう。

■形式的な規則

●コメントアウトは「//」

リスト1-1の「hello.go」をリスト2-1として再掲します。

リスト2-1 hello.go再掲

```go
package main //(1)

import "fmt" //(2)

func main(){ //(3)
    fmt.Println("Go言語でごめんなさい") //(4)
}
```

まず、リスト2-1中に「//(1)」などと書き加えてあるのは「コメントアウト」の記号です。Goでは、コメントアウトを「//」で表わします。

この記号の後の内容はコンパイル対象から外されるので、説明（コメント）をコード中に書き込むのに使われます。

このように、加えた番号の箇所をこれから説明していきます。

●文の終わりは改行

Goの文の終わりは「改行」です。

そのため、コメントアウトされる内容は「//」の後から改行までになります。

●ブロックの範囲は波括弧

複数の文で1つの目的を果たす「ブロック」の範囲を示すのは波括弧{...}です。

インデントは「見やすくする」ために自由に使えます。

■パッケージ名

●パッケージ名はフォルダによらない

「パッケージ」は複数のソースファイルを1つの識別名（パッケージ名）のもとにまとめた単位です。

見やすくするためには、パッケージ名をもつフォルダにソースファイルを納めます。

しかし、「helloフォルダの中にhello.goファイルがある」ので自動的に「helloパッケージ」ができるわけではありません。

main以外のパッケージは、**第3章**で実際に作成します。

「hello.go」は「hello」フォルダの中から開いたターミナルで実行します。このターミナルからは、「hello.go」はフォルダに入っていない「裸」のファイルとして識別されます。

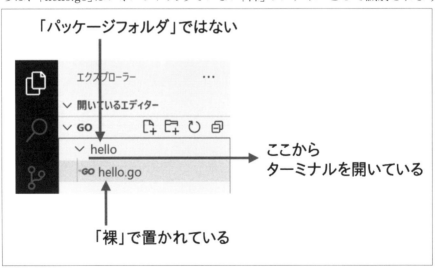

図2-1　「hello」フォルダから開いたターミナルにとって「hello.go」は「裸」のファイル

Goでは必ずパッケージ名を与える規則です。

そこで、本章のように1件で実行まで行なうファイルはすべて「main」というパッケー

ジ名を与えておけば大丈夫です。
　リスト2-1のコメント「//(1)」の行で示したとおりです。

■ライブラリのインポート

●「標準ライブラリ」はインポートする

　ライブラリを使用することをGoでは「インポート」と呼びます。
　リスト2-1の「//(2)」で示されているのはGoの「標準ライブラリ」である「fmt」です。

　「標準ライブラリ」を利用するには「インポート」が必要です。
　「『標準』ライブラリ」と呼ばれるのは、「Goをインストールしたときに一緒にインストールされる」という意味です。

　インストールはされますが、作ったプログラムが重くならないように、必要な時だけ参照するように書くのです。
　これに対し、「外部ライブラリ」は、さらに個人個人で開発者の提供サイトに行くなどして入手します。

●出力に必要なパッケージ「fmt」

　「fmt」はパッケージで、format（書式）を意味すると考えると覚えやすいでしょう。
　これからいろいろと使います。

●インポートするパッケージ名は二重引用符で囲む

　「//(2)」で示したように、Goではインポートするパッケージ名を二重引用符で囲みます。
　複数のパッケージをインポートする場合はそのときにまた解説します。

■関数「main」

●関数はfuncではじめる

　リスト2-1の「//(3)」で示したのは、Goで最初に実行される関数「main」です。
　関数はキーワード「func」ではじめ、関数の後に引数を()で渡します。
　関数「main」は引数を取りません。

●関数Printlnが大文字の理由

　「//(4)」で示した「Println」という関数名は「出力して改行する」働きをします。

「printIn」という名前の関数は他の言語でもありますが、ここでは大文字で示します。

Goでは、他のプログラムから参照して使える関数は、大文字にするという規則があります。

1つのファイルの内部だけで使う関数も大文字にできますが、コンパイルの際に警告が出ます。

本章では、ファイルをこれから1件しか作らないので、その中の関数は小文字にします。

以上、**リスト2-1**のもっとも簡単なプログラムで、Goのプログラミング規則の多くが明らかになりました。

2-2 Goで簡単に書けるWebサーバ

Goプログラムの基本が終りましたので、次はデータの記述を…と行きたいところですが、「使い慣れたあの言語を離れてGoをはじめることで何の良いことがあるのか？」それを少し体感していただければと思います。

その1つが、Webサーバが自分で簡単に書けることと言えるでしょう。

■フォルダwebserverとファイルwebserver.go

●Visual Studio上で作成

今、Visual Studioで、本書で作成したフォルダ「go」を開いています。

この中に新しいフォルダ「webserver」を作り、さらにその中にファイル「webserver.go」を作ります。

Visual Studioのエクスプローラ上で、「hello/hello.go」と同様に作ります。

図2-2　「go」フォルダに「webserver/webserver.go」を作成

■webserver.goの作成

●パッケージ"net/http"もインポート

Webサーバを記述するには、パッケージ「net/http」が必要です。依然「fmt」も必要なので、複数のパッケージをインポートすることになります。

それには、**リスト2-2**のように、中括弧で囲み、1行ずつパッケージ名を書くのが分かりやすい書き方です。

リスト2-2 「webserver.go」に複数のパッケージをインポート

```
package main //これは同じ

import (
    "fmt"
    "net/http"
)
```

●Webサーバへの入出力を扱う関数

次に、Webブラウザからサーバに送信する「リクエスト」と、サーバからブラウザへ送信する「レスポンス」を引数にもつ関数を作ります。

helloばかりで恐縮ですが、Webサーバ版のhelloプログラムというノリで関数名を「hello」にしたいと思います。**リスト2-3**の通りです。

リスト2-3 Webサーバへの入出力を扱う関数hello

```
func hello(writer http.ResponseWriter,
        req *http.Request){ //(1)

    fmt.Fprintln(writer, "レッツゴー¥n") //(2)
}
```

関数「hello」は**表2-1**に示す2つの引数をとります。

表2-1 関数helloが取る2つの引数

引数名	型
writer	http.ResponseWriter
req	*http.Request（ポインタ型）

「//(1)」とコメントしたところを見てください。

同じような引数が2つありますが、引数「writer」の型は「http.ResponseWriter」であり「*」が付いていません。

一方、引数「req」の型は「*http.Request」であり「*」が付いています。

「*」が付いているのはいわゆる「ポインタ」だな、とCなどを学んだことのある人には見当がつくと思います。

　「ポインタ」については、第3章以降で詳しく説明します。

　「*」が付いていない「http.ResponseWriter」は、「**インターフェイス**」と呼ばれるものですが、複数の関数や構造体を抽象化するための「分類名」で、「いろいろな応答 (response) をあつかう」くらいに思っておきましょう。これらについては、**第4章**で詳しく説明します。

　こうして定義した関数「hello」ですが、今回はサーバから一方的に出力するので、引数「req」は明示的に使いません。こちらから送信したデータを処理する方法は、「付録」で説明しています。

　出力するためには「//(2)」に示すfmt.Fprintlnという関数を書きます。
リスト2-1の「Println」関数の前に**F**の字がついています。

　このFは「function」を意味し、「応答を出力する関数」を引数にとります。
　ここに、関数「hello」がとった「writer」をそのまま渡すのです。
　出力する内容は「Fprintln」に渡す2番目の引数で、文字列です。

●要求の待ち受け

　「webserver.go」の関数「main」で、クライアントのWebブラウザからの要求を待ち受けます。その内容は**リスト2-4**に示す通りです。

リスト2-4　webserver.goの関数mainの内容

```
func main(){
    http.HandleFunc("/hello", hello) //(1)
    http.ListenAndServe(":8090", nil) //(2)
}
```

　リスト2-4の「//(1)」で示す関数「http.HandleFunc」は、所定のURLに要求が来たら所定の関数を呼び出します。

　引数は2つで、最初の「"/hello"」がブラウザで呼び出されるURL、その次の「hello」が**リスト2-3**で定義した関数名です。

　「//(2)」の関数「ListenAndServe」は、名前の通り要求の待ち受けです。
　最初の引数がポート「:8090」です。
　このポート数は、アプリケーションサーバでよく使う「8080」より大きくしておけばまず問題ありません。
　2番目の引数は、複数サーバの連携などがない場合は「nil」(空)にしておきます。

　以上、ごく簡単に説明しました。

とにかく動かしてみましょう。

■webserver.goの実行

●プログラムの実行

「webserver/webserver.go」を実行するには、ターミナル上でフォルダを「webserver」に移動します。

第1章終了時点で「hello」フォルダに移動したところなら、**リスト2-5**のように移動できます。

リスト2-5　同じ「go」フォルダ内の「hello」フォルダから「webserver」フォルダに移動する

```
cd ../webserver
```

そこから、**リスト2-6**のように「go run」コマンドで、ソースファイルをコンパイル・生成した実行ファイルの起動までを行わせます。

リスト2-6　「go run」コマンドで実行まで行わせる

```
go run webserver.go
```

正常に起動すれば、ターミナルが「途中で止まった」かのように入力不能になります。Webサーバが待ち受け状態という形でプログラムが「実行中」になるからです。

●ポートへのアクセスを許可

Windows10が「webserver.exe」のサーバのポート「8090」へのアクセス許可を求めて来るでしょう。

図2-3のような画面が現われたら、「ホームネットワーク」として許可しておきます。

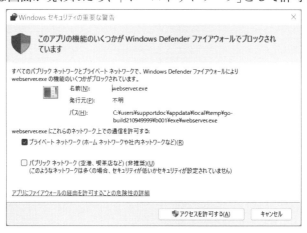

図2-3　「webserver.exe」がポートにアクセスする許可を出す

好きなWebブラウザを起動して、**リスト2-7**のURLを呼び出します。

リスト2-7　ブラウザで呼び出すURL

```
http://127.0.0.1:8090/hello
```

IPアドレス「127.0.0.1」は自機を示すアドレスです。

図2-4のようにブラウザ上に「レッツゴー」と表示されたら成功です。

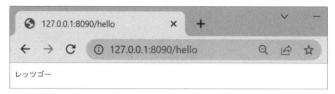

図 2-4　Goで書いた最初のWebサーバの動作確認

いかがでしょうか。特にWebフレームワークでも何でもないGoという言語で、こんなに簡単にWebサーバとWebページが書けてしまいました。

Goが「いまどきのプログラミング言語」であることを、実感できたのではないでしょうか。

せっかくですから、このプログラム上に書き足す形で、これからしばらくGoの基本を学習していきます。

ターミナル上で「Ctrl+C」のキーバインドを用いて、「webserver.exe」の実行を中断してください。これで、またコマンドが入力できるようになります。

2-3　Goで数値演算

プログラミング開始本としてお約束の、「数値演算」からはじめましょう。

ただし、結果を出力できてこそ「演算」の意味があるので、文字列に数値を埋め込んで出力する方法も学びます。

■実行ファイルの作成だけするコマンド

●「go build」コマンド

さて、図2-5の動作確認を済ませてから、VSCodeのエクスプローラを見てください。「webserver.exe」という実行ファイルができているでしょうか。

本書執筆時のバージョンでは、できていません。

そういう仕様なのか、不具合なのかわかりませんが、実行ファイルはどこか「一時フォルダ」に作成されています。

この場所が、作成のたび変わるので、このままでは「go run」コマンドを実行するたびに、図2-3のようなアクセス許可を求められます。

それでは面倒なので、「webserver」フォルダ上に確実に実行ファイルを作るようにし

ましょう。

　それには、まず**リスト2-8**のような「go build」コマンドを打ちます。

リスト2-8　go buildコマンド

```
go build webserver.go
```

　これで、**図2-5**のように、「webserver.go」と同じ位置に「webserver.exe」ができます。後は、**リスト2-9**のようにこの実行ファイルを起動します。

リスト2-9　webserver.exeの起動

```
./webserver
```

図2-5　実行ファイルを同じ位置に確実に生成させる

　ファイルを加筆修正するたびにコマンドが2回になりますが、VSCodeのターミナルではカーソルキーの「上」「下」で過去に打ったコマンドを呼び出せるため、あまり苦にはならないと思います。このようにすれば、アクセス許可は最初の一回で済みます。

■整数の計算

●計算をして結果を出力させる関数

　簡単な計算をして、結果を文字列として出力させる関数「algebra」を作成します。
　定義は、**リスト2-10**の通りです。**リスト2-3**の関数「hello」と同じ形式の引数をとります。

リスト2-10　これから中身を書いていく関数algebra

```
func algebra(writer http.ResponseWriter,
    req *http.Request){

    //これから中身を書いていく

}
```

●**変数を値とともに定義する**

これから行なうのは、変数「a」と「b」にそれぞれ整数7と8を代入し、「a+b」の結果を出力させる作業です。

そのため、変数の「型」定義が必要です。

Goでは、定義時に具体的な値を渡してしまえば、その値から型を判別してくれます。ただし、それには特別な記載が必要です。

リスト2-11は、関数algebraに最初に書く中身ですが、「この値で定義するので、型は判別してほしい」という記号「:=」を用います。

リスト2-11はさらに複数の変数をカンマで区切って、1つの式で定義しています。

リスト2-11 「変数を値と共に定義するので型は判別してほしい」という書き方

```
a, b := 7,8
```

なお、**リスト2-11**は関数algebraの中に書きますが、紙面では左詰めで表示してあります。

Goでは文のかたまり「ブロック」は波括弧{...}でまとめるので、字下げは自分が見やすいように自由に行なってください。

●**書式を指定する文字列**

文字列の中に変数を埋め込むには、「Printf」という関数を用います。

最後の「f」は、「format」(書式)のfです。

いろいろな言語に共通なので、知っている方も多いと思いますが、今回は関数「writer」を引数にとりたいので、「**FPrintf**」という関数を使います。

リスト2-12 関数Fprintf中で書式を指定

```
result := "%d+%d=%d¥n" //(1)
fmt.Fprintln(writer, "***整数の足し算***")
fmt.Fprintf(writer, result, a, b, a+b) //(2)
```

リスト2-12に「//(1)」で定義した変数「result」には、「%d」という書式指定を3つ含む文字列を渡しました。

そこで、「//(2)」では、関数「Fprintf」の2番目の引数が「result」を渡すだけとなり、簡単です。

その後、「a」「b」「a+b」でそれぞれ表わされる3つの整数の値を渡しています。

ここで、一度動作を確認しましょう。

関数「main」に**リスト2-13**のように関数algebraを使用してページを記載するように加筆します。

リスト2-13　関数mainに加筆

```
func main(){
    ....

    http.HandleFunc("/algebra", algebra)

    http.ListenAndServe(":8090", nil) //これは必ず最後に置く
}
```

ファイル「webserver.go」を保存します。

リスト2-8のコマンドでエラーが出なければ、**リスト2-9**でプログラムを起動します。

ブラウザで、**リスト2-14**のURLにアクセスしてください。

リスト2-14　URL「algebra」にアクセス

```
http://127.0.0.1:8090/algebra
```

ブラウザには**図2-6**のように表示されます。

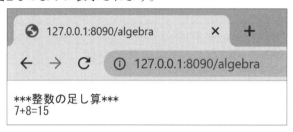

図2-6　関数algebraに記述した通りの内容がブラウザに表示される

さらに編集を続けるため、ターミナルに「Ctrl+C」を入力して、「webserver.exe」の実行を止めます。

■小数の計算

●整数から小数へ「型変換」

次に、小数の計算をしますが、Goでは異なる型同士の計算はできません。

ただし、強制的な型変換は可能なので、同じ型に揃えます。

例として、変数「c」に15.0を渡し、変数「d」に、aを小数に型変換した値を渡します。

まず、関数algebraに、**リスト2-15**のように追記します。

リスト2-15　関数algebraに小数の計算を追記

```
c := 15.0
d :=float64(a)
```

●出力する桁数を指定

　Goも他の言語と同様に、小数はそのデータ型に用意された大きさめいっぱいの桁数の情報をもちます。

　しかし、「c」も「d」も必要な小数点以下の数値は「.0」のみで、「c」を「d」で割った値もせいぜい小数点以下3桁くらい表示すればだいたい分かります。

　そこで、リスト2-16のように表示の指定をします。

リスト2-16　cとdとc/dの値をそれぞれ書式設定して出力

```
result ="%.1f/%.1f=%.3f¥n"
fmt.Fprintln(writer, "¥n***小数の割り算***")
fmt.Fprintf(writer, result, c, d, c/d)
```

　リスト2-16も関数「algebra」の中に書きます。

　このように、関数「Fprintln」および「Fprintf」を使用すれば、それらが順番にWebページに出力されます。

　ファイルを編集したので、保存します。

　リスト2-8のコマンドで「webserver.go」をコンパイルし、リスト2-9で「webserver.exe」を起動します。

　図2-6が表示されているブラウザの再読み込みを行なうと、図2-7のように記述が増えているのが確認できるでしょう。

図2-7　整数の足し算に続けて小数の割り算を表示できた

　以後は、「webserver.go」を編集するたびに、「webserver.exe」の実行を止めて、再ビルドしてから「webserver.exe」を起動します。

■数学で使う計算

●「math」パッケージ

　Goの標準ライブラリである「math」パッケージには、数学で使う関数がいろいろあります。

　たとえば以下のようなものです。

表2-1　Goの「math」パッケージで使える関数の例

関数名	内　容
Abs	絶対値
Cos, Sinなど	三角関数。逆三角関数もある
Cosh, Sinhなど	「ハイパーボリックサイン」などと呼ばれる双曲線関数
Exp, Log, Log10, Log2など	指数関数と対数関数。自然対数、常用対数、2を底とする対数など
Floor, Ceil, Round	切り上げ/捨て、四捨五入
Max, Min	最大・最小
Mod	割った余り
Pow, Sqrt	累乗と平方根

●float64が原則

　Goの数学的関数の特徴に、扱う数値は「float64型が原則」ということがあります。
　上記の表に上げた関数はすべて、引数も戻り値も「float64型」です。

　たとえば、累乗を計算する「Pow」関数を用いて2の8乗などを求めようとしても、答えは小数で戻ってくるので、表示の段階で整数にします。

●定数

　「math」パッケージには、定数もあります。
　主なものは以下の通りです。

表2-2　「math」パッケージで使える定数

定　数	意　味
Pi	円周率(約3.14)
E	自然対数の底(約2.71)
Sqrt2	2の平方根(約1.41)
Ln2	2の自然対数(約0.693)
Ln10	10の自然対数(約2.30)

「webserver.go」をさらに編集し、「math」パッケージのいくつかの関数を用いて、計算してみます。

まず、**リスト2-17**のように、「math」パッケージをインポートします。
「fmt」と「net/http」をインポートしていた**リスト2-2**に、さらに「math」を加えます。

リスト2-17　mathパッケージもインポートする

```
import (
    "fmt"
    "net/http"
    "math"
)
```

そして、**リスト2-18**のような関数「mathfuncs」を定義して、これから中身を書いていきましょう。

リスト2-18　関数「mathfuncs」をまずは定義

```
func mathfuncs(writer http.ResponseWriter,
    req *http.Request){
    //これから中身を書いていく
}
```

[整数の累乗]

世の中、あまり「1.2の2.5乗」などという計算はしたくないものです。
パッケージ「math」の関数Powを用いて「2の8乗」を求めてみましょう。

リスト2-18の「中身」として、**リスト2-19**を書きます。

リスト2-19　パッケージmathの関数「Pow」を用いる

```
pow28 :=int(math.Pow(2,8)) //(1)

fmt.Fprintf(writer, "%dの%d乗は%d¥n", 2, 8, pow28) //(2)
```

リスト2-29の「//(1)」では、関数「Pow」を用いていますが、得られる値は小数のfloat64型なので、整数に型変換してから変数「pow28」に渡しています。
そこで、次の「//(2)」では整数「2, 8」と変数「pow28」をすべて整数として書式「%d」で埋め込めます。

この関数の処理の結果を出力するには、今までやってきた通り、関数「main」に**リスト2-20**を付け加えます。
リスト2-20により、URL「math」で関数「mathfuncs」が呼ばれることになります。

リスト2-20　main関数に追記

```
http.HandleFunc("/math", mathfuncs)
```

　続いて、ファイルを保存します。
　「webserver.exe」が実行中であれば一度停止し、「webserver.go」を再ビルドして実行
します。
　コマンドは**リスト2-8**と**リスト2-9**の通りです。

　エラーなく実行できたら、ブラウザで**リスト2-21**のURLにアクセスします。

リスト2-21　今回アクセスするURL

```
http://127.0.0.1:8090/math
```

　Webブラウザに「2の8乗は256」と表示されれば成功です。

[三角関数]

　三角関数にはmathパッケージの「Sin」や「Cos」などを使いますが、引数として渡す角
度は「ラジアン」です。

　角度がたとえば30度（三角定規によくある角度）であれば、これをラジアンに直す数
式は以下のようになります。

$\pi \times 30/180$

　上記は、「180度がπラジアンに相当する」と覚えておくと導き出せます。
　そこで、sin30°を求めてみましょう。
　関数「mathfuncs」の中に、**リスト2-22**を加えます。

リスト2-22　関数mathfuncsに加える「sin30°の計算」

```
rad30 := 30.0*math.Pi/180.0 //(1)
fmt.Fprintf(writer, "\nsin%d° は %.3f\n", //(2)
        30, math.Sin(rad30)) //(3)
```

　リスト2-22では、「//(1)」でまず角度を「度（°）」から「ラジアン」に変換し、変数「rad30」
に渡します。
　「//(2)」では、「30」を整数「%d」で、sin30°を小数点以下3桁までを表示する「%.3f」で
文字列に埋め込む記述をします。

　「//(3)」が文字列中に埋め込む値です。
　math.Sin関数の引数に変数「rad30」を渡したのがsin30°の値になるはずです。

　リスト2-22を関数「mathfuncs」の中に書いたら、「webserver.go」を保存し、再ビル
ド後、webserver.exeを起動します。

リスト2-21のページは、**図2-8**のように表示されるでしょう。

sin30°は、数学的にはちょうど1/2ですが、コンピュータでは出力できる限りの桁数の小数で表示され、最後の桁には誤差が出ます。

しかし、コンピュータではだいたい実際の長さに三角関数の値を掛けますから、適当な桁数まで正しく表示できればオッケーというところでしょう。

2-4 複合したデータ型

これまでは、単一の値を変数に渡しました。

本節では、複数の値を複合して1つの「インスタンス」として扱うデータ型を記述してみましょう。

基本的なデータ型が「配列とスライス」そして「構造体」です。

■配列

●「配列」の定義のしかた

複合したデータ型の代表はなんといっても「配列」です。

リスト2-23は、「webserver.go」に関数arraysを新たに定義し、まずはGoの「配列」を定義したところです。

リスト2-23 webserver.goに関数arraysを定義し、配列arr1を定義

```go
func arrays(writer http.ResponseWriter,
    req *http.Request){

    fmt.Fprintln(writer, "***要素が5個の配列を定義***")
    arr1:=[5]int{2,4,6,8,10} //(1)
    fmt.Fprintln(writer, arr1)//(2)
}


func main(){
    //これまでの記述//
    http.HandleFunc("/arrays", arrays)
    //これは必ず一番最後に
    http.ListenAndServe(":8090", nil)

}
```

配列の定義は、**リスト2-23**で「//(1)」に示した箇所です。

以下の順序で書くので、混同しないように覚えておきましょう。

(1) [5]で要素数5個の配列であることを定義する

(2) 要素がintであることを定義する

(3) 波括弧{}の中に要素をカンマで区切って書く

　他のプログラミング言語と同様に、配列では要素のデータ型はみな同じでなければなりません。

●配列の要素の書き出し方

　リスト2-23の「//(2)」では、表示に「Fprintln」関数を用いていますが、配列を渡された変数「arr1」をそのまま表示内容に渡しています。

　これで、Fprintlnは適切な表示をしてくれます。

　もちろん、この後行なう「for文」で、1つずつ要素を取り出すこともできます。

●なぜ、配列では要素数を決めなければならないのか

　要素数を決める理由は、「あらかじめ確保するメモリ領域を決めておく」ためです。

　メモリ領域を多く取れない環境でアプリケーションの設計を破綻なく行なったり、あらかじめまとまった場所にメモリを取っておいて、アクセスを速くしたりなどの利点があります。

●決めたとおりの要素数で要素をキッチリ定義しないとならないのか

　たとえば、要素数が50ある配列を定義するとき、最初から要素50個の値を決めておかなければならないか、というとそんなことはありません。

　要素の値を定義しなければ、暗黙のうちに初期値が与えられます。

　たとえば、整数なら「0」です。

　リスト2-23に記述した関数「arrays」に、さらにリスト2-24のように記述します。

リスト2-24　関数arraysに追記

```
fmt.Fprintln(writer,
    "¥n*** 要素5個で定義した配列に3つの要素しか定義しないとどうなる? ***")
arr2:=[5]int{1,3,5}//(1)
fmt.Fprintln(writer, arr2)
```

　リスト2-24の変数「arr2」に渡された配列は、要素数を「5」と定義していますが、定義している要素の数は3つです。

　これでも「要素が足りない」というエラーは出ません。

　残りの2つの要素は「0」が与えられます。

　もちろん、定義した要素数を超える数の要素は定義できません。

●要素の値の変更

要素の値は変更ができます。

リスト2-24に続いて、さらに2-25を記述しましょう。

リスト2-25　関数arraysにさらに追記

```
fmt.Fprintln(writer,
    "¥n***要素の値は変更可？***")
arr2[4]=99//(1)
fmt.Fprintln(writer, arr2)
```

リスト2-25の「//(1)」の箇所で、配列「arr2」のインデックスが「(0から数えて) 4」の要素の値を、「99」に変更します。

ここまでの関数「arrays」の内容を表示してみましょう。

「webserver.go」を保存・再ビルドして「webserver.exe」を実行します。

アクセスするURLは、リスト2-26の通りです。

リスト2-26　今回アクセスするURL

```
http://127.0.0.1:8090/arrays
```

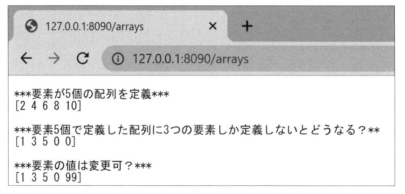

図2-9　関数arraysの出力をまとめて閲覧

●関数「Fprintln」で表示される配列の形式に注意

図2-9では、配列の要素が大括弧[]で囲まれ、かつカンマなしで記されています。

これはあくまで表示形で、定義する書き方としては、波括弧の中にカンマ区切りですから、混乱しないようにご注意ください。

以上、リスト2-24～25の内容が表示される仕組みを図2-10に示します。

定義	表示
arr2 := [5]int{1,3,5}	[1 3 5 0 0]

代入	表示
arr2 [4] = 99	[1 3 5 0 **99**]

図2-10　リスト2-24～25でやっていることを図で説明

■スライス

●スライスは「配列」の参照

「スライス」(slice)とは、パンとかハムとかのように大きな塊から少し切り出したものを言います。

そのように、「配列のスライス」とは配列の一部分です。

ただし、配列の一部分を取り出して別のインスタンスを作成したわけではなく、「覗き窓」のようなものです。

引き続き関数「arrays」を編集します。
リスト2-25の後に、リスト2-27のようにスライス「sl1」と「sl2」を定義してみましょう。

リスト2-27　配列からスライスを定義

```
fmt.Fprintln(writer,
    "¥n***配列の一部を参照するスライス***")
sl1 := arr1[1:3] //(1)
sl2 := arr2[3:] //(2)
fmt.Fprintln(writer, sl1)
fmt.Fprintln(writer, sl2)
```

●どの部分を眺めるか

リスト2-27の「//(1)」と「//(2)」がスライスですが、定義の仕方を変えてあります。
「//(1)」は配列「arr1」から作るスライスですが、[1:3]は「インデックス1以上、3未満」を表します。
つまりインデックス1と2の2つの要素だけを眺めます。
具体的には「Fprintln」関数で[4 6]と表示されます。

「//(2)」は配列「arr2」から作るスライスですが、[3:]はインデックス3以上の全要素です。
「arr2」は要素が5つなので、インデックスは「0」から「4」です。

インデックス3以上の要素はインデックス「3」と「4」で、これも2つです。

リスト2-25において配列「arr2」のインデックス4の要素は99に変更されているため、具体的にはFprintln関数で[0 99]と表示されます。

なお、「一部分」であって、飛び飛びはダメです。

「webserver.go」を保存・再ビルド後、実行して、リスト2-26のURLを再読み込みしてみましょう。

新たに書き加えたリスト2-27の部分は、図2-11のようになります。

```
***配列の一部を参照するスライス***
[4 6]
[0 99]
```

図2-11 リスト2-27の内容が表示されている部分

リスト2-27の内容が図2-11のように表示される仕組みを、図2-12に示します。

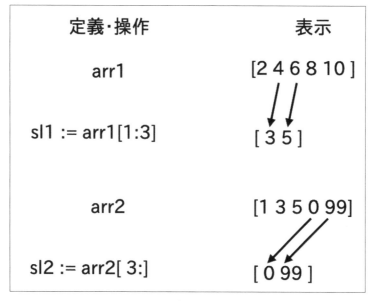

図2-12 配列とスライスの関係

●スライスの要素を変えると元の配列の要素は変わるのか

スライスは別のインスタンスではなく、あくまでも元の配列の1部を見ています。

そこで、窓から手を伸ばして実体をつかめるのと同様、スライスの要素の値を変更することは、スライスを通じて元の配列のインスタンスの値を変更することになります。

●スライスのインデックスは「0」から始まるので注意

ここで1点、注意があります。

スライスで元の配列から一部を取り出したとき、そのスライスのインデックスは「0」から始まります。

そのため、たとえば「sl1」は配列「arr1」のインデックス「3」と「4」の要素を見ていますが、「sl1」から見るとインデックス「0」と「1」です。

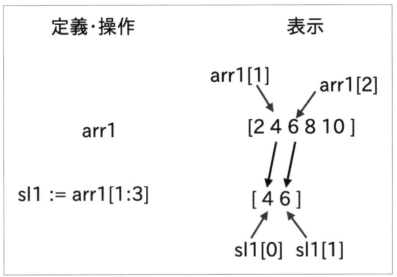

図2-13　スライスのインデックスはもとの配列のインデックスと異なる

そこで、**図2-13**に示したsl1[1]の値を変更してみましょう。

関数「arrays」に、さらに**リスト2-28**を追記します。

リスト2-28　関数arraysにさらに追記。スライスの要素の値を変更してみる

```
fmt.Fprintln(writer,
    "¥n***スライスの値を変更するとどうなる？***")
sl1[1] = 36
fmt.Fprintln(writer, sl1)
fmt.Fprintln(writer, arr1) //もとの配列の要素はどうなる？
```

webserver.goを保存・再ビルド後に「webserver.exe」を実行して、**リスト2-26**のURLを再度読み込んでみましょう。

新たに書き加えた**リスト2-28**の部分は、**図2-14**のようになります。

```
***スライスの値を変更するとどうなる？***
[4 36]
[2 4 36 8 10]
```

図2-14　リスト2-28の内容が表示されている部分

sl1[1]とarr1[2]が、ともに「36」に変更されています。

この仕組みを、図2-15に示します。

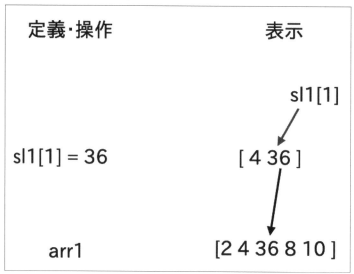

図2-15 スライスの要素を変更すると元の配列の要素も変更される

■スライスを積極的に使う

●無理に配列を使わなくても

配列は、「要素数」(つまりデータの大きさ)を決めてアプリケーションを設計するときに用いますが、扱うデータが少ない場合は、無理に配列を使う必要はなく、いきなりスライスとして定義できます

そうすれば、コンパイラ時に該当する配列を作成してその「全要素のスライス」を渡してくれます。

具体的には、「webserver.go」に関数「slices」を追加して、**リスト2-28**のように書きます。

リスト2-28 関数slicesの内容をブラウザで表示できるようにする

```go
func slices(writer http.ResponseWriter,
    req *http.Request){

    sl := []int{30, 45, 60, 90, 180}//(1)
}

func main(){
    //これまでの記述//
    http.HandleFunc("/slices", slices)
    //これは必ず一番最後に
    http.ListenAndServe(":8090", nil)
}
```

リスト2-28の「//(1)」が、「スライスリテラル」を定義した部分です。

配列の定義との違いは、要素数を決めていないことです。

最初に記述する角括弧に数字が入っていません。配列とスライスリテラルの記述の違いは、これだけです。

本書は、以後、配列ではなくスライスリテラルを使っていきます。

●スライスに対してfor文を用いる

ではスライス「sl1」に対し、for文を使って要素を1つずつ取り出し、計算処理をして、出力してみましょう。

リスト2-28を見て分かった方は鋭いですが、「sl」の要素の数字は「三角定規」の角度を表わす4つの数値と、直線を表わす「180」です。

そこで、リスト2-28の「//(1)」に続けて、リスト2-29を関数「slices」の中に書きます。

リスト2-29　スライスリテラルsl1の要素を一つずつ取り出して処理する

```
var rad_v float64 //(1)

for _, v := range sl{ //(2)
    rad_v = float64(v)*math.Pi/180.0 //(3)
    fmt.Fprintf(writer,
        "sin%d° は %.3f\n\n",
            v, math.Sin(rad_v))//(4)
}
```

リスト2-29の「//(1)」は、変数「rad_v」の型だけを定義し、値は代入しない定義法です。この場合は、変数であることを示すvarキーワードをつけます。

こういう方法もとれるという例で示しましたが、これまでやってきたように適当な初期値を代入しても構いません。

リスト2-29「//(2)」は、キーワード「range」を用いて、スライス「sl」のインデックスとその値を一組取り出していく書き方ですが、この計算ではインデックスは使いませんので、変数名を特に定めず「_」と表記しています。

リスト2-29の「//(3)」の部分で、要素の値「v」に対して、リスト2-22の「//(1)」と同じ方法で「°」をラジアンに変換しますが、vの値は整数なのでfloat64に型変換しています。

rangeキーワードを用いたfor文の構造と、取り出された値「v」が処理される過程を図2-16に記します。

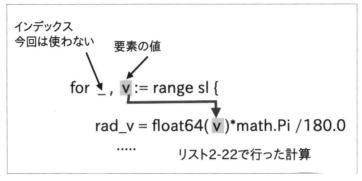

図2-16　rangeキーワードを用いたfor文の構造

ここまでの関数slicesの内容を表示してみましょう。

「webserver.go」を保存・再ビルド後、「webserver.exe」を実行します。

今度アクセスするURLは**リスト2-26**の通りです。

リスト2-26　今回アクセスするURL

```
http://127.0.0.1:8090/slices
```

図2-17のような表示が出れば成功です。

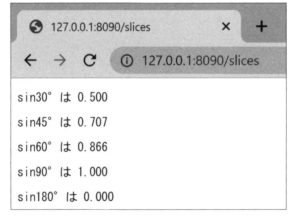

図2-17　関数slicesの最初の表示

●スライスなら要素を増やせる

配列でなくスライスを使う利点の1つは、「append」という関数でスライスの要素を増やせることです。関数slicesに、**リスト2-30**の記述を記載してみましょう。

リスト2-30　関数appendでスライスの要素を増やす

```
fmt.Fprintln(writer,
        "¥n*** スライスなら要素を増やせる！***")
sl=append(sl, 225,275,360)//(1)
fmt.Fprintln(writer, sl)//(2)
```

リスト2-30の「//(1)」がappend関数です。
Goのビルトイン関数なので、新たなインポートは必要ありません。

要素を増やしたいスライスを第一の引数に渡し、その後は加えたい要素をカンマ区切りで任意の数列記できます。
別の変数「//(2)」で、要素の増えたスライスを出力します。

結果は、この後リスト2-31と一緒にブラウザで見ることにしましょう。

●スライスのスライス

スライスリテラルとして定義したデータのスライスもまた作成できます。
関数slicesに、リスト2-31を記述しましょう。

リスト2-31　スライスslをさらにスライスしたsl_sl

```
fmt.Fprintln(writer,
        "¥n***スライスの一部を参照するスライス***")
sl_sl:=sl[2:5]//(1)
fmt.Fprintln(writer, sl_sl)
```

リスト2-31の「//(1)」が、スライスslのインデックス2から4までの部分を眺めたスライスになります。

「webserver.go」を保存・再ビルド後、「webserver.exe」を実行して、リスト2-26のURLを再読み込みしてみましょう。

新たに書き加えたリスト2-30～31の部分は、図2-18のようになります。
「sl」の要素は8つ（インデックスは0～7）になり、「sl_sl」はslのインデックス2,3,4の要素からなります。

```
***スライスなら要素を増やせる！***
[30 45 60 90 180 225 275 360]

***スライスの一部を参照するスライス***
[60 90 180]
```

図2-18　リスト2-30～31の内容

■構造体

●異なるデータ型を複合できる

スライスの使用で、表現できるデータの種類が増えました。

しかし、「要素はすべて同じデータ型でなければならない」という規則は変わりません。

世の中の事象は文字列だったり整数だったり小数だったりで記述されます。

このような異なるデータ型を合わせて扱う方法が「**構造体**」です。

●さっそく作ってみよう

さっそく構造体を1つ作ってみましょう。

これまでは、すべての関数の中で記述しました。Goで定義済みのデータ型のみを使ったからです。

中には、Goで定義された構造体もありました。

しかし、自分が作りたい構造体はすべての関数の外に定義します。

そこで、すべての関数の前に、**リスト2-32**のように構造体「member」を定義します。

リスト2-32　構造体「member」をすべての関数の外に定義

```
type member struct {
    name string
    point int
    coeff float64
}
```

●データ型はあくまでも「member」

構造体の定義は、特徴的な書き方をします。

まず「type」という定義をして、名前「member」を書き、その後、「struct」と記述します。

これは、「型が「member」である」ことを表わします。

「struct型」というデータ型ではなく、ただ、「struct」という複合データの記法に従って記します。

波括弧に、「構造体を構成するデータの名前」と「データ型」を列記します。

最初が「名前」、スペースを置いて「データ型」です。

この1つ1つの構成物を「**フィールド**」と呼びます。

リスト2-32では、文字列(string)型のフィールド「name」と、整数(int)型のフィール

ド「point」、小数(float64)型のフィールド「coeff」をもちます。

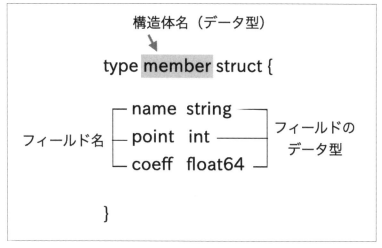

図2-19　構造体memberの定義

●構造体のインスタンス

あるデータの記述形式に対して、それに合うような具体的な値を設定したものを「インスタンス」と呼びます。

図2-19の構造体「member」は、フィールド名のデータ型しか与えていません。
これに具体的な string 型の値"ゆみこ", int 型の値56、float64 型の値1.24を与えたデータの複合体が「インスタンス」です。

インスタンスは変数に渡して、その変数名を用いて処理を記述します。
構造体「member」のインスタンスを複数作成して処理をする関数struct_membersを
定義し、ブラウザでその出力内容を表示できるようにしてみましょう。

これまでもいろいろな関数についてやってきましたが、今回はリスト2-33の通りです。
まだ出力まで書いていないので、実行しても動作は確認できません。

リスト2-33　関数slicesの内容をブラウザで表示できるようにする

```
func struct_members(writer http.ResponseWriter,
    req *http.Request){

    fmt.Fprintln(writer,
        "***構造体memberのインスタンス***")
    yumiko := member{"ゆみこ", 56, 1.24}//(1)

    toshio := member{} //(2)
    toshio.name="トシオ"
    toshio.point=44
    toshio.coeff=0.98
```

```
    //(3) この後出力する
}

func main(){
    //これまでの記述//
    http.HandleFunc("/struct_members", struct_members)
    //これは必ず一番最後に
    http.ListenAndServe(":8090", nil)
}
```

リスト2-33には、構造体のインスタンスの作成法を2通り記しており、1つは「//(1)」です。

波括弧{....}の中に、フィールドに渡す値を定義順に書いていきます。

図2-20の通り、「//(1)」ではインスタンスを変数「yumiko」に渡しています。

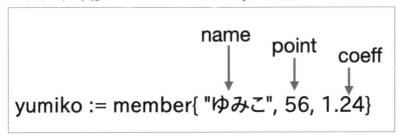

図2-20 構造体memberのインスタンスの作成法の1つ

しかし、これでは何番目が何のフィールドだか思い出せないと困ります。

そのようなときのために、リスト2-33の「//(2)」の方法があります。

まず、フィールドに値を渡さない「空」のインスタンスを作って、後からフィールド指定で値を代入していきます。これなら順不同でも混乱がありません。

●構造体インスタンスの配列(スライス)

配列およびスライスは、同じデータ型の要素からなります。

そのため、同じmember型の「yumiko」と「toshio」は、リスト2-34のように配列にできます。これを、リスト2-33の「//(3)」の部分に書きます。

リスト2-34 member型の配列を作成

```
members := []member{yumiko, toshio}
```

●構造体インスタンスのフィールドの値を取得

リスト2-33の「//(2)」では、インスタンスのフィールドに値を与えました。

逆に、すでに値をもっているフィールドであれば、その値を取得できます。

リスト2-35を、リスト2-34に続けて書きます。

リスト2-35　member型の配列について繰り返す処理

```
effective := "%s さんの有効ポイントは%.2f¥n"//(1-1)

for _, v := range members{
        fmt.Fprintf(writer,
            effective,//(1-2)
            v.name, //(2)
            float64(v.point)*v.coeff, //(3)
        )
}
```

　リスト2-35では、member型の配列「members」に対してfor文で繰り返し処理します。
　要素が2つしかありませんが、こんな面倒な処理ですから、2回書くところを1回で済んだというだけで儲けものではないでしょうか。

　その処理というのは、まずFprintf関数の引数として渡す「変数を埋め込む文字列」を「//(1－1)」で先に定義しておき、変数「effective」に渡しておきます。

　この時点では、記号は含みますがただの文字列で、何か特別な性質はもちません。
　文字列「effective」は「(//1-2)」のように、後に続く変数や式の値とともにFprintf関数に渡す時に、はじめて意味をもちます。

　後に続く「//(2)」は、memberのインスタンス「yumiko」か「toshio」を変数「v」とした場合のフィールド「name」の値です。
　これは簡単で、「effective」の文字列の「%s」のところに入ります。

　以上、**図2-21**にmemberインスタンスの配列「members」の要素を1つずつ変数「v」としてフィールドを取り出す様子を示します。

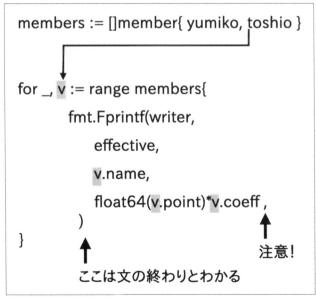

図2-21　memberインスタンスの配列membersに対して繰り返す

47

> **Column** 「カンマ区切りで列記」する場合、最後の要素に注意
>
> 図2-21で「注意！」と記した箇所を見てください。
> 最後の引数であるにも関わらずカンマがついています。これは「カンマ区切り」で列記するとき、Goに特徴的な書式です。
>
> Goは改行で「文の終わり」を判定します。
> そこで、「注意！」と書いた部分で「カンマ」を置いて、「まだ文が終っていない」と示さなければならないのです。
>
> これは、カンマ区切りで要素を列記する場合で、その次の2行のように閉じ括弧の次の行がまた閉じ括弧になるような場合は、文の終わりと判定されます。
> 本書ではこれからも、行末にカンマが必要な箇所については随時注意を喚起して参ります。

また、図2-22には文字列effectiveに各フィールドの値が埋め込まれる様子を示します。

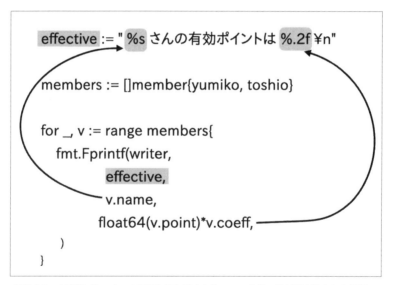

図2-22 文字列effectiveの記号に取り出されたフィールドの値が埋め込まれる仕組み

記入して保存したら「webserver.go」を再ビルド後、「webserver.exe」を起動します。今度アクセスするURLはリスト2-36の通りです。

リスト2-36 今回アクセスするURL

```
http://127.0.0.1:8090/slices
```

図2-23のような表示が得られたら、成功です。

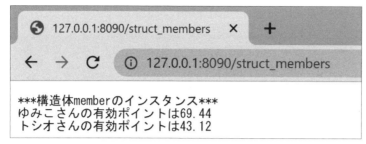

図2-23　関数struct_membersの内容をブラウザに表示

●構造体を埋め込んだ構造体

ある構造体をもとにもっとフィールドの多い構造体を作りたい場合があります。

その場合、「構造体Aをフィールドのデータ型にもつ構造体B」という考え方もできますが、Goではもっと簡単に、構造体Aを構造体Bに「埋め込む」構造を作成できます。

クラスとサブクラス、継承などをすでに学習したことのある方は、近いものを感じることができるでしょう。

新しい構造体を、すべての関数の外側に定義します。

構造体「member」の定義に続けて書くとよいでしょう。

構造体の名前は「vip_member」にします。

リスト2-37　構造体 vip_member

```
type vip struct{
    member //(1)
    vip_point int //(2)
}
```

リスト2-37で「//(1)」にあたる部分が「埋め込み」です。

フィールド名をわざわざ定義する必要がありません。

一方で、「//(2)」に当たる部分が新たに追加するフィールドです。

この構造体「vip」のインスタンスの作成とフィールドの取出しを、関数「struct_members」に追記します。

memberのインスタンス「yumiko」で記述されるゆみこさんが、なんらかのVIPに選ばれた、という想定で、構造体vipのインスタンス「vip_yumiko」を作ります。

リスト2-38　memberのインスタンス yumiko から vip_yumiko を作成

```
func struct_members(writer http.ResponseWriter,
    req *http.Request){

    //これまでの記述

    fmt.Fprintln(writer,
```

```
        "¥n***構造体を埋め込んだ構造体***")
    vip_yumiko := vip{yumiko, 30} //(1)

}
```

リスト(1)では、vipのインスタンスを作成するのに、最初の引数にmemberのインスタンスyumikoを渡しています。

これはリスト2-33の「//(1)」で定義しました。

二番目の引数がvipの固有のフィールド「vip_point」で、「30」です。
VIPだけに与えられるポイントであると想定しています。

●埋め込まれた構造体のフィールドを取り出す

vipに埋め込まれたmemberインスタンスは、フィールド名であるかのように「member」で表わされます。

「vip_yumiko」の場合、vip_yumiko.memberがyumikoを表わします。
そして、「yumiko.name」はvip_yumiko.member.nameで表わされます。

「vip_yumiko」は、yumikoのフィールド「point」の値「56」(リスト2-33)とvip_yumikoのフィールド「vip_point」の値「30」(リスト2-38)をもつので、これらを足し合わせて「86」を得ます。

これは、リスト2-39のように書けます。

リスト2-39 yumikoのフィールドpointとvip_yumikoのフィールドvip_pointの値を足し合わせる

```
vip_point := vip_yumiko.member.point+vip_yumiko.vip_point //(1)
fmt.Fprintf(writer, "%s さんは VIP なのでポイントは %d 点", ",
    vip_yumiko.member.name, vip_point)
```

図2-25にこの関係を示します。

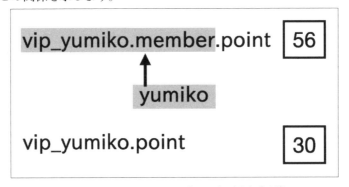

図2-25 リスト2-39の二つの「point」の表わし方の違い

ただし、図2-25は構造体の構造の違いを確認するためにわざと紛らわしくした書き

方です。実際は同じ名前のフィールドを2つの構造体で使い分ける記法はミスを誘うので、変数名にも違いをつけるべきです。

　最後に、「vip_yumiko.member.coeff」も使ってみましょう。
　リスト2-40を、リスト2-39に続けて書きます。

リスト2-40　vip_yumiko.coeffも用いる

```
vip_effective_point :=
    float64(vip_point)*vip_yumiko.member.coeff

fmt.Fprintf(writer, "有効ポイントは%.2f点", vip_effective_point)
```

　記入したら、「webserver.go」を保存、再ビルドして、「webserver.exe」を実行しましょう。
　リスト2-37と、関数「struct_members」中に記述したリスト2-38〜40の部分が、図2-26のように表示されたら成功です。

```
***構造体を埋め込んだ構造体***
ゆみこさんはVIPなのでポイントは86点，有効ポイントは106.64点
```

図2-26　構造体memberのインスタンスを埋め込んだ構造体vipのインスタンスを使用できた

　以上、いきなりGoでWebサーバを立ち上げた後、基本的なデータの記述方法を一気に紹介しました。

　毎回サーバを再起動するのはいささか厄介かもしれませんが、異なる内容を一件のファイルに書いて、URLのみで表示を切り替えられるのは便利ではないでしょうか。

　次章でもこの調子で参りたいと思います。

Goの関数とポインタ

本章では、処理を記述する方法としてまず関数を学びます。
関数の引数に「ポインタ」が使われることがあるので、どんなときに、どのように扱うのかを実践します。

引き続きWebサーバ上で見えるようにしますが、サーバを稼働させるプログラムと、その他のプログラムを別のファイルに書くために「モジュール」を作る方法をまず紹介します。

3-1　モジュールで使用するファイルを分ける

本章でも**第2章**と同じように、Webサーバ形式で、出力をブラウザで確認します。
しかし、前章で作ったファイル「webserver.go」は、だいぶ一杯になりました。

そこで、新しいプログラムファイルを作りますが、せっかくなので、新しく「モジュール化」を使ってみます。

■モジュールとは

●公開・共有のために使う

「モジュール」とは、「機能ごとにまとまった部品の集まり」を指し、取り外して扱ったり、簡単な設定で本体に組み合わせたりできます。
そのため、多くの場合、インターネットの共有ストレージに置くなどして公開や共有する高度な目的で使います。

●ファイルを分けるなら「モジュール」にする

本書で書くプログラムはあくまで自分自身の学習ですが、それでも機能ごとにファイルを分けてプログラムを書きたい場合があります。

第2章では、数値計算や配列の処理などサーバの働きに関係ないコードも「webserver.go」に記入していたので、ファイルがとても長くなりました。
これからのコードはもっと長くなるので、ファイルをいくつかに分けたいと思います。

こうした比較的単純な理由でも、Goでは「モジュール」化して使います。
この仕様は「Go1.13」あたりから本格的になりました。

　公開用のモジュールは、たとえば他の人の作成するモジュールと混同しないように一意の名前をつけるなど注意が必要ですが、ローカルファイル専用の記述を加えて作ったモジュールは気軽に使えます。

●具体的な目的

　では、本章で具体的にどうしたいのかを説明しましょう。
　新しく「trueserver」というフォルダを作成し、「trueserver.go」というファイルをそこに置きたいと思います。　このファイルには、**リスト3-1**の記述をします。
　もう書き始めてもいいですが、まだこのままでは未完成です。

リスト3-1　フォルダ「trueserver」の中に置く「trueserver.go」

```
package main

import (
    "fmt"
    "net/http"
    //(1)ここに自分で作ったモジュールをインポート
)

func add(writer http.ResponseWriter, req *http.Request){

    fmt.Fprintln(writer, "***はじめての関数***")
    //(2)自分で作ったモジュールを使った処理結果を出力
}

func main(){
    http.HandleFunc("/add", add)

    http.ListenAndServe(":8090", nil)
}
```

　リスト3-1では、前章の「webserver.go」と同じように、関数「add」を定義してから、関数「main」中でURL「/add」と関数「add」を結びつけます。
　しかし、関数「add」では実際の計算はせず、自分で作ったほかのモジュールで計算した結果をただ読み込むだけにしたいのです。

■モジュールの作成と設定

●モジュールの場所

　モジュールはまったく別の場所でも利用できますが、バラバラにならないように、フォルダ「trueserver」の中にさらに「functions」というフォルダを作り、そこに「functions.go」というファイルを置きます。

　これらのファイルの構成をVSCodeのエクスプローラーで見ると、**図3-1**のようになります。

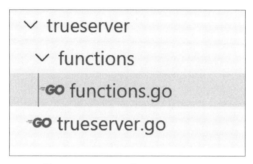

図3-1 　「trueserver.go」と「functions.go」の位置関係

●モジュールのファイルの書き方

　「functions.go」の中身は、**リスト3-2**のように書いてください。

　モジュールが無事に動いたら、中身を解説します。

リスト3-2 　「trueserver/functions」フォルダの中に置く「functions.go」の中身

```
package functions //(1)

func Add(a int, b int) int{ //(2)
    return a+b
}
```

　さぁ**リスト3-2**、カラフルになってきましたね。

　「//(1)」で、main以外のパッケージ名になり、関数「main」もありません。

　「//(2)」に示すように、関数「Add」は頭が大文字であることに注意してください。

　Goでは、他のファイルから参照できるようにするためには、大文字でなければなりません。

　「public」や「private」といったキーワードでも、ファイルの冒頭に何かを書くでもなく、ただ「関数名の大文字小文字によってのみ外部からのアクセスが許可不許可になる」という、簡単ですが、知らないとグゥの音も出ないなかなかの規則をもっています。

●モジュールを設定

　このままでは、まだ機能しないので、「functions.go」を「モジュール」に設定する作業があります。

　ターミナルで「trueserver/functions」フォルダに移動した状態で、**リスト3-3**のコマンドを打ちます。

リスト3-3　「trueserver/functions」フォルダに移動した状態で打つ

```
go mod init trueserver/functions
```

リスト3-3　のコマンドの応答

```
go: creating new go.mod: module trueserver/functions
go: to add module requirements and sums:
    go mod tidy
```

　リスト3-3のコマンドの応答は、

「ファイルgo.modを作成しました。モジュール名はtrueserver/functions。ほかのモジュールへの依存性やその他情報を追加するには『go mod tidy』というコマンドを打ってください」

という意味です。

```
PS C:\Users\Supportdoc\Documents\go\trueserver\functions> go mod init trueserver/functions
go: creating new go.mod: module trueserver/functions
go: to add module requirements and sums:
        go mod tidy
PS C:\Users\Supportdoc\Documents\go\trueserver\functions> ▮
```

図3-2　VSCodeのターミナルでリスト3-3のコマンドを打った様子

　これで、「functions」フォルダに「go.mod」というファイルが出来ます。
　図3-3はVSCodeのエクスプローラーに表示される様子です。

```
∨ trueserver
  ∨ functions
    GO functions.go
    ⤳ go.mod
  GO trueserver.go
```

図3-3　go.modファイルが作成された

いまのところ、**図3-2**の「go.mod」の内容は以下の通りです。

モジュール名と、使用しているGoのバージョンが記してあります。

functionsフォルダにできたgo.modの内容

```
module trueserver/functions

go 1.19
```

go.modファイルには「go mod」コマンドで行ったことが自動記録されていきますが、内容がよく分かっていれば、自分で記入したり編集したりできます。

■モジュールを利用するために

●フォルダtrueserverもモジュール化

「trueserver.go」から「functions.go」を使うためには、自身もモジュール化する必要があります。

リスト3-3の応答にもあるとおり、モジュールの依存性は「go.mod」ファイルに記入するからです。

つまり、「trueserver.go」のフォルダ内にも「go.mod」のファイルが必要になります。

「trueserver.go」がある「trueserver」に移動して、**リスト3-4**のコマンドを打ちます。

こんどのモジュール名は、「trueserver」です。

リスト3-4 「trueserver」フォルダに移動した状態で打つ

```
go mod init trueserver
```

これで、「trueserver」フォルダの中「trueserver.go」と同じ位置に、「go.mod」ファイルが作成されます。

この「go.mod」ファイルの中身は、ご想像に難くないと思いますが以下の通りです。

trueserverフォルダの中に作成されたgo.modファイルの内容

```
module trueserver

go 1.19
```

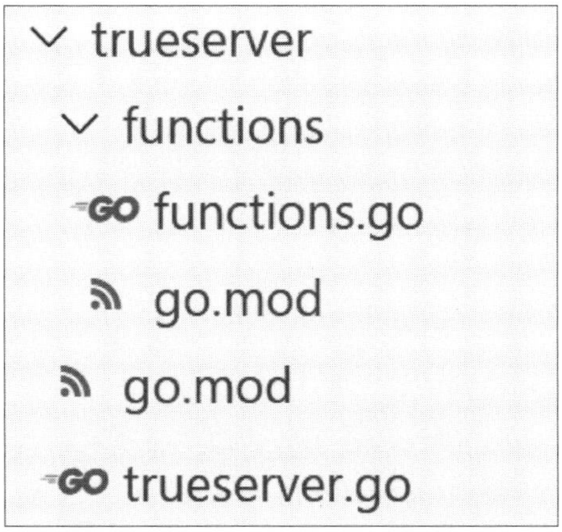

```
∨ trueserver
  ∨ functions
      GO functions.go
      ⌇ go.mod
  ⌇ go.mod
  GO trueserver.go
```

図3-4　trueserverフォルダ全体の構造

●自分のPCだけで使う設定

　Goでは、モジュールを自分のPCだけで使うように設定できます。

　今、「trueserver.go」から「functions.go」を使いたいと思っています。
　そのため、モジュールtrueserverのgo.modに、functionsフォルダへの相対パス「./functions」を登録します。

　その方法は、リスト3-5のようにコマンドを打つことです。。
　より正確には「trueserver/functions」というモジュール名を、この相対パスに読み替えるという設定です。
　ターミナルで「trueserver」フォルダに移動した状態で行ないます。

リスト3-5　モジュール名を相対パスへ読み替えるコマンド

```
go mod edit -replace trueserver/functions=./functions
```

```
PS C:\Users\Supportdoc\Documents\go\trueserver> go mod edit -replace trueserver/functions=./f
unctions
```

図3-4　リスト3-5のコマンドを打った様子

　そこで、「trueserver」フォルダのgo.modを開いてみると、以下の記述が加わっています。

trueserverフォルダのgo.modに加わった記述

```
replace trueserver/functions => ./functions
```

● **trueserver.go中に記述**

「trueserver.go」に、「functions.go」の内容を使用する記述をします。

リスト3-1の「//(1)ここに自分で作ったモジュールをインポート」と書いたところに、**リスト3-6**のようにモジュール名「trueserver/functions」と記述します。

これは、**リスト3-3**で「functions.go」について命名した通りです。

リスト3-6 モジュール名をインポートに記述

```
import (
    "fmt"
    "net/http"
    "trueserver/functions" //これを書き加える
)
```

さらに、**リスト3-1**の関数「add」を編集します。

「//(2)自分で作ったモジュールを使った処理結果を出力」に記述して、**リスト3-7**のようにします。

リスト3-7 関数addの完成

```
func add(writer http.ResponseWriter, req *http.Request){
    fmt.Fprintln(writer, "***はじめての関数***")

    //以下を書き加える
    result := functions.Add(5,7)
    fmt.Fprintf(writer,"5+7=%d", result )
}
```

● **インポートしたモジュールの関数の呼び方**

リスト3-7に示したように、「functions.go」に定義した関数「Add」は「trueserver.go」では「functions.Add」と呼びます。

この理由は、functions.goのパッケージ名を「functions」と宣言したからです（**リスト3-2**）。

ファイルをすべて保存します。

● **依存性をgo.modに登録**

最後の処理です。

ターミナルで「trueserver」フォルダに移動した状態で、**リスト3-8**のコマンドを打ちます。

リスト3-8 「trueserver」フォルダ中でのコマンド

```
go mod tidy
```

リスト3-8のコマンドで、「trueserver.go」の中身が探され、インポートに「trueserver/functions」が検知されるため、以下の応答が表示されます。

「v0.0.0-...」は、自動で作成されるバージョン番号です。

本書ではバージョン管理まではしないので、そのままにしておきます。

リスト3-8 のコマンドへの応答

```
go: found trueserver/functions in trueserver/functions v0.0.0-
00010101000000-000000000000
```

```
PS C:\Users\Supportdoc\Documents\go\trueserver> go mod tidy
go: found trueserver/functions in trueserver/functions v0.0.0-00010101000000-000000000000
```

図3-6　リスト3-8のコマンドと応答の様子

この応答は、「trueserver」フォルダの「go.mod」に以下のように記述されます。

「trueserver」フォルダのgo.modに加わる記述

```
require trueserver/functions v0.0.0-00010101000000-000000000000
```

一方、「trueserver/functions」フォルダの「go.mod」の中身は、リスト3-3のコマンドで作った時点から変化していません。

■実行してみよう

このプログラムをビルドするには、ターミナルで「trueserver」フォルダに移動した状態でリスト3-9のように「trueserver.go」をビルドします。

リスト3-8からずっと「trueserver」フォルダ上にいるので、そのまま打てます。

リスト3-9 「trueserver」フォルダに移動してビルド

```
go build trueserver.go
```

問題なくビルドできたでしょうか。

「functions.go」のコードに誤りがある場合も、この時コンパイルエラーで誤りの箇所が指摘されますから修正できます。

ビルドできたら、「trueserver.exe」をリスト3-10のコマンドで実行します。

リスト3-10 「trueserver.exe」を実行

```
./trueserver
```

第2章で「webserver.exe」のサーバのポート「8090」へのアクセスを求められたように、「trueserver.exe」のアクセスも求められるので、許可します。

ブラウザで、以下のURLを呼び出します。

ブラウザで呼び出すURL

http://127.0.0.1:8090/add

図3-7のようにブラウザ上に表示されたら、モジュールの作成と使用は成功です。

図3-7 Goで作成した最初のモジュールの動作確認

Column なぜ、「fmt」や「math」などのパッケージは利用できたのか

このように、モジュールを利用するには、される側(functions.go)だけでなくする側(trueserver.go)もモジュールにしなければならないことが分かりました。

その理由は、モジュールを利用することを「go.mod」ファイルに記載するからです。

では、なぜこれまで利用してきた「fmt」や「math」「net/http」などのパッケージはただインポートするだけで利用きたのか?

「Goの標準ライブラリだから」と言えば身もフタもないので具体的に説明すると、これらの標準ライブラリは環境変数「GOROOT」で指示されるフォルダに入っているからです。

「Go 1.13」以前は、自分のPCで使うプログラムのフォルダを「パッケージ」として「GOPATH」という環境変数で指示したフォルダに置く方法もありましたが、今は今回行なったようなモジュールにする方法に切り替わっています。

これで、学びたい項目をファイルごとに分けて書くことができるようになり、trueserver.goに書く項目が非常に少なくてすみます。どんどんプログラミングしていきましょう。

3-2　Goの関数

　これからの学習方法の方針が出来たので、テスト的に作成した関数「Add」の構造を確認し、ほかの関数で書き方を広げていきましょう。

■「関数の書き方」の基本

●関数の宣言

　さて、関数については第2章で何度も書いてきましたが、とにかくWebブラウザ上で表示させるために、同じ引数をまじないのように繰り返し書きました。

　リスト3-2ではじめて、もっと分かりやすい関数Addを定義しました。

　この関数はtrueserver/functions/functions.goに記述しました。名前が大文字で始まるのは、ほかのファイルから参照するためです。（リスト3-11）

リスト3-11　「trueserver/functions/functions.go」の関数Add

```
func Add(a int, b int) int{
    return a+b
}
```

　リスト3-12から分かる関数の書き方を列記します。

- 関数は「func」ではじめる
- 引数は、中括弧の中に「変数　データ型」の組み合わせをカンマで列記する。
- 最後に「戻り値のデータ型」を記述する。
- 関数の内容は「波括弧」で囲む。
- 「return」で戻り値を記述する。

　これらは、ほかのプログラミング言語と比べても特に変わった特徴はないと言えるでしょう。

　間違えやすいのは、「引数名とそのデータ型のどっちを先に書くか」ですが、これは規則なので覚えるのみです。

●関数の呼び出し

　関数「Add」を用いる「trueserver/trueserver.go」の関数「add」も再掲します。（リスト3-12）

リスト3-12　「trueserver/trueserver.go」の関数add

```
func add(writer http.ResponseWriter, req *http.Request){

    //(1)呼び出した関数の戻り値を変数に渡す
    result := functions.Add(5,7)
```

```
    fmt.Fprintln(writer, "***はじめての関数***")
    fmt.Fprintf(writer,"5+7=%d", result ) //(2)ここではやりたくない
}
```

　関数が値を戻す場合、変数の定義で関数を呼び出し、戻り値をその変数に渡すことができます。

　このときも記号「:=」を使えば、戻り値の型から変数の型が判別されます。

　リスト3-13の「//(1)」では、引数に2つの整数「5, 7」をカンマ区切りで渡します。
　リスト3-13の引数「a」に「5」が、「b」に「7」が渡され、戻り値「12」が「result」に渡されます。この辺は、普通のプログラミングの仕組みそのものです。

　関数の呼び出しもこのようにつつがなく確認できましたが、「//(2)」のところがゴチャゴチャしていますね。
　「"5+7=%d"」、このような文字列の作成も、ここではやらずに「functions.go」の関数の中でやっておきたいものです。

　そこで、複数の値を戻り値にする関数「Sub」を定義しましょう。

■複数の値を戻す関数

●戻り値の定義

　「trueserver/functions/functions.go」に**リスト3-13**のような関数Subを定義します。

リスト3-13　「trueserver/functions/functions.go」に定義する関数Sub

```
func Sub(a,b int) (string, int){ //(1)
    return "%d-%dは%dなのだ", a-b //(2)
}
```

　まず、「//(1)」の定義を見てください。
　戻り値の型は「(string, int)」と中括弧の中で列記します。戻り値として、異なる型を定義できます。

●戻り値の戻し方

　リスト3-14の「//(2)」が実際に値を戻している書き方です。
　1つは、埋め込む記号「%d」を含む文字列、もう1つはa-bの値です。

　さて、「//(2)」について、1つ注意点があります。
　前章の**リスト2-35**および**図2-21**で、カンマ区切りで列記するときは最後の要素にもカンマを付ける場合があると説明しましたが、この場合は付けるとむしろエラーになります。

　こういった付ける付けないで違いがあるのはイヤですが、この場合は「return」がある
ので、「カンマを付けると他にも戻す要素がある」と判断されるのでしょう。

　以上、関数「Sub」について、戻り値の定義と実際に戻す戻り値の関係を**図3-8**に示し
ます。

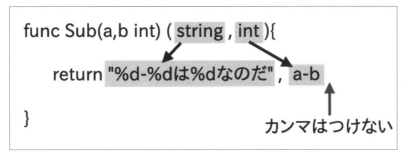

図3-8　複数の戻り値の定義と、実際の戻し方

●複数の戻り値の受け取り方

　リスト3-14の関数Subは、「trueserver/trueserver.go」の関数「sub」の中で「functions.
Sub」という名で呼び出します。（**リスト3-14**）

リスト3-14　「trueserver/functions/funcsions.go」に定義する関数Sub

```go
func sub(writer http.ResponseWriter, req *http.Request){
    a,b := 5,7 //(1)

    output, result := functions.Sub(a,b) //(2)

    fmt.Fprintln(writer, "***複数の値を戻す関数***")
    fmt.Fprintf(writer, output, a, b, result )
}

func main(){

    //これまでの記述

    http.HandleFunc("/sub", sub) //(3)これを加える

    http.ListenAndServe(":8090", nil)
}
```

　「//(1)」では、呼び出す関数「functions.Sub」の引数に渡す値を変数「a, b」に渡してお
きます。後から渡す値を変えたくなった場合は、ここを変更します。
　「//(2)」で、「functions.Sub」の引数に「a」と「b」を渡し、2つの戻り値を順に「output」
と「result」という2つの変数で受け取ります。
　この2つははじめて出てくるので「:=」記号で渡します。
　1つの「:=」記号で、複数の変数にいっぺんに渡せます。

変数「output」には、「%d」記号を含む文字列、resultにはa-bの結果が渡されます。この様子を図3-9に示します。

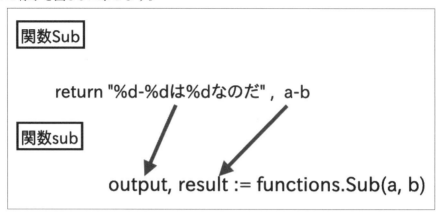

図3-9　関数Subの戻り値を二つの変数でいっぺんに受け取る

「output」に渡された文字列は最終的にfmt.Fprintf関数の2番目の引数「変数を埋め込む文字列」に用いられます。

2,3番目の引数は関数「sub」で「5」と「7」をそれぞれ渡した「a, b」で、4番目の引数は「result」に渡された「function.Sub」の戻り値です。

「output」の文字列には「%d」の記号が3ヶ所あり、整数を渡された変数が揃いましたから、fmt.Fprintfによる出力は完成です。この様子を　図3-10に示します。

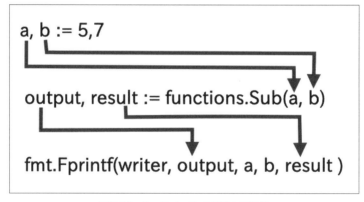

図3-10　fmt.Fprintfによる出力が完成

これで、trueserver.goのほうの関数subでは、変数に値を代入してfunctions.Subに渡すだけとなりました。スッキリしたと思います。

●Webブラウザで表示してみよう

以上、2つのファイル「trueserver/trueserver.go」と「trueserver/functions/funcsions.go」を保存します。

「trueserver.go」を再ビルドしてから、「trueserver.exe」を実行し、以下のURLにアクセスします。

```
http://127.0.0.1:8090/sub
```

図3-11のように表示されれば成功です。
表示は大したことないですが、ここに至るまでの方法は洗練されたと思います。

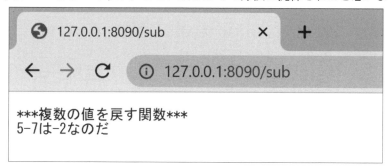

図3-11　単純な表示だが方法は洗練された

このような構成では、「trueserver/trueserver.go」と「trueserver/functions/functions.go」をそれぞれ編集しました。

やや面倒になりますが、VSCodeでは複数のファイルを同時に表示して、それぞれを比較しながら編集できます。

図3-12　VSCodeで2つのファイルを同時に表示しながら編集しているところ

■スライスを用いる関数

●「trueserver/trueserver.go」の関数 with_slices

今までと同様に、「trueserve.go」のほうに、URL「with_slices」でアクセスできるように関数「with_slices」を定義しましょう。（リスト3-15）

リスト3-15 「trueserver/trueserver.go」に記述

```go
func with_slices(writer http.ResponseWriter,
    req *http.Request){
    //(1)これから中身を書いていく
}

func main(){

    //これまでの記述

    http.HandleFunc("/with_slices", with_slices)

    http.ListenAndServe(":8090", nil)
}
```

●「functions.go」に書く関数

実際に「スライスを用いる」関数は、「functions.go」のほうに書いていきます。

まず、リスト3-18はスライスを引数に渡す関数「AddAll」です。
スライスを通して配列のすべての要素に同じ数を足します。

処理するスライス「sl」と、要素に足す数aが引数で、戻り値はありません。
スライスを引数に渡す時は型指定をしますが、これがリスト3-16の「//(1)」に示した「[]int」です。スライスの型は、要素の型だけで、要素数は指定しません。

リスト3-16 関数「AddAll」

```go
func AddAll(sl []int, a int){ //(1)
    for i:=0; i<len(sl); i++{ //(2)
        sl[i] += a
    }
}
```

リスト3-16の「//(2)」で示したのは、オーソドックスな「インデックスによる繰り返し」の書き方です。スライスでは関数lenで要素数を取得できます。

では、リスト3-15の関数「with_slices」に、リスト3-16の関数「AddAll」を呼び出す記

述を書きましょう。

「trueserver.go」の中では「functions.AddAll」と呼びます。

リスト3-15の「//これから中身を書いていく」と記したところにリスト3-17を記述します。

リスト3-17 「trueserver.go」で関数「functions.AddAll」を呼び出す

```
sl_1 := []int{1, 2, 3, 4} //(1)

fmt.Fprintln(writer,
    "***スライスそのものを書き換える***")

//処理前の値を確かめる
fmt.Fprintln(writer,"\nsl_1は")
fmt.Fprintln(writer, sl_1)//(2)

functions.AddAll(sl_1, 9) //(3)

fmt.Fprintln(writer,"\nいまやsl_1は")
fmt.Fprintln(writer, sl_1) //(4)
```

まず実行して、どうなるかを確認しましょう。

ファイル「functions.go」と「trueserver.go」をともに保存して、「trueserver.go」を再ビルドして、「trueserver.exe」を実行します。

ブラウザで、次のURLにアクセスします。（図3-13）

http://127.0.0.1:8090/with_slices

「sl_1」は最初は[1 2 3 4]でしたが、関数Add_allを実行することで[10 11 12 13]に変換されました。

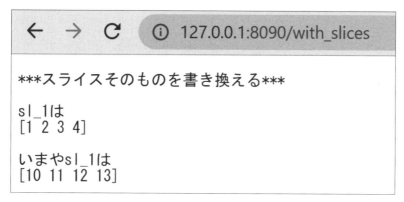

図3-13 リスト3-15〜3-17の編集により得られた表示

なぜこのようになったか説明しましょう。

この結果から分かるのは、スライスを関数の引数に渡して処理したことにより、その
スライスが参照している配列が処理されたことになります。
　そのため、それを見ているスライスからも、処理された値が取り出されたのです。

　上記リスト3-17の「//(1)」が、最初に定義されたスライス「sl_1」です。
　この定義通りの配列がメモリ上に作成されており、「sl_1」はそれを参照する変数です。
「//(2)」では、まずこれをブラウザに出力しています。

　その後、「//(3)」で、関数「AddAll」の引数にこの「sl_1」を渡しました。
　2番目の引数は、各要素に等しく加える数で、「9」を渡しています。
　ですから、値が1の要素は「10」、値が2の要素は「11」...となっていきます。

　そこで、「//(4)」により、処理後の配列を「sl_1」を通して取得し、表示したのです。
＊
　次に、「sl_1」から見る配列の内容は変えずに、その配列の要素に処理をした内容を取
得するには、新たに作った空のスライスに「sl_1」で取得した要素の値を加えていきます。

　このようにして、「sl_1」と関連した配列のスライスを戻り値とする関数を記述しましょう。
「functions.go」に**リスト3-16**の関数「AddAndCopy」を定義します。

リスト3-18　「functions.go」に定義する関数「AddAndCopy」

```go
func AddAndCopy(sl []int, a int)[]int{ //(1)
    sl_cp := []int{} //(2)
    for i:=0; i<len(sl); i++{ //(3)
        sl_cp = append(sl_cp, sl[i]+a) //(4)
    }
    return sl_cp
}
```

　リスト3-18の「//(1)」では、戻り値の型を「[]int」と指定し、「//(2)」では、空のスライ
スとして「sl_cp」を作成します。

　引数として渡される「sl」には要素がある想定なので、この「sl」の要素について繰り返
します。（//(3)）

　取り出したslの要素の値に、一定数aを加えたのち、append関数によりsl_cpに加え
ます。（//(4)）

　最後に、「sl_cp」を戻り値とします。
＊
　「trueserver.go」の関数「with_slices」に、関数「AddAndCopy」を呼び出す記述を書き
ましょう。「trueserver.go」の中では「functions.AddAndCopy」と呼びます。
　リスト3-16に続けて、**リスト3-19**のように書きます。

```
fmt.Fprintln(
    writer, "¥n***スライスのコピーを書き換える***")

sl_2 := functions.AddAndCopy(sl_1, 100) //(1)

//新しくできたsl_2
fmt.Fprintln(writer,"¥nsl_2は")
fmt.Fprintln(writer, sl_2)

//もとのsl_1
fmt.Fprintln(writer,"¥n一方sl_1は")
fmt.Fprintln(writer, sl_1)
```

リスト3-19の「//(1)」で関数「AddAndCopy」が呼び出されています。

引数には、リスト3-17から使用しているスライス「sl_1」を渡しました。
このときの「sl_1」の要素は、リスト3-17の「//(4)」に表示した値になっています。
各要素に加える値には、「100」を渡しています。

こうして実行した関数「AddAndCopy」はスライスを戻すので、それを「sl_2」に渡します。
この「sl_2」と、引数に渡した「sl_1」がどうなったかを表示します。

ファイル「functions.go」と「trueserver.go」をともに保存して、「trueserver.go」を再ビルドして、「trueserver.exe」を実行します。
ブラウザで、「http://127.0.0.1:8090/with_slices」に再アクセスします(このページがブラウザで開かれたままの場合は、再読み込みします)。

リスト3-18とリスト3-19に記述した部分の内容は図3-14のようになります。

```
***スライスのコピーを書き換える***

sl_2は
[110 111 112 113]

一方sl_1は
[10 11 12 13]
```

図3-14　リスト3-16～3-18の編集により得られた表示

図3-14に見られるように、「sl_2」の各要素は、「sl_1」の各要素にそれぞれ100を加えた値ですが、「sl_1」の値はそのままです。

このようにして、関数の引数にスライスを渡して、そのスライスそのものの要素の値を変えたり、スライスの値をコピーした異なる要素のスライスを新規作成できます。
関数「Add_All」(スライスそのものの要素を変更)と関数「AddAndCopy」(スライスの要素をコピーして変更)の動作の違いを図3-15に示します。

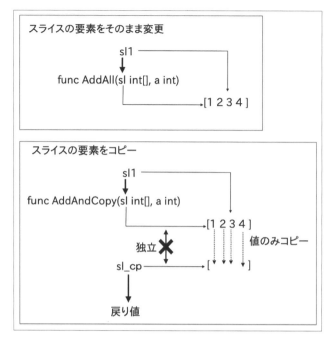

図3-15 スライスそのものを変更する関数、スライスのコピーを作成する関数

3-3　構造体を引数に渡す

　本節と次節で構造体を用いた関数の書き方を学びますが、本節は構造体をそのまま引数に渡す方法です。

■構造体を用いる関数

●「trueserver.go」に関数「with_struct」を定義

　まず、構造体を用いる関数を記述するために、「trueserver.go」に関数「with_structs」を定義し、同名のURLでアクセスできるようにしておきます。(リスト3-20)

リスト3-20 「trueserver.go」に関数「with_structs」を定義

```go
func with_structs(writer http.ResponseWriter,
    req *http.Request){
    //これから中身を書いていく
}

func main(){

    //これまでの記述

    http.HandleFunc("/with_structs", with_structs)

    http.ListenAndServe(":8090", nil)
}
```

●構造体を別のファイルに定義したい

構造体を引数に渡したり、戻り値にしたりする関数を使ってみたいのですが、構造体の定義は、関数の外に行ないます。

しかし、functions.goは「関数だけ」のファイルにしたいので、構造体に関するファイルは「data.go」というファイルに書いて、これもモジュール「trueserver/data」にします。（図3-16）

図3-16 「trueserver/data」というモジュールを作る

フォルダ「trueserver」の中に「data」というフォルダを作成し、その中に「data.go」というファイルを作ります。

次に、ファイル「data.go」の最初の内容として、**リスト3-21**のようにパッケージ名と構造体の定義を書き、保存します。

ここは、**リスト2-32**と同じですが、注意すべき点があります。

リスト3-21 「data.go」の最初の内容

```
package data //(1)

type Member struct{
    Name string
    Point int
    Coeff float64
} //(2)
```

「//(1)」が、このモジュールのパッケージ名です。

「//(2)」で構造体名、及びそのフィールド名がことごとく「大文字」で始まっていることにご注意ください。

構造体をほかのファイルから呼び出す場合、構造体名はもちろんのこと、ほかのファイルで直接フィールド名に言及していなくてもフィールド名もすべて大文字で始めます。

最後に、ターミナルでフォルダ「trueserver/data」フォルダに移動し、**リスト3-22**のコマンドで、このファイルをモジュールにします。

リスト3-22　モジュール「trueserver/data」を作成

```
go mod init trueserver/data
```

●構造体を引数に渡す

では、まず「data.go」の中で、構造体「Member」のインスタンスを引数に渡す関数を定義してみましょう。**リスト3-23**を、**リスト3-21**に続けて書きます。

リスト3-23　構造体「Members」のインスタンスを渡す関数「Effective」

```
func Effective(m Member)float64{
    return float64(m.Point)*m.Coeff
}
```

リスト3-25の関数「Effective」は、引数として渡された「Member」のインスタンスのフィールドPointの値を小数に型変換し、フィールドCoeffの値と掛け合わせた小数値を戻します。

もう1つ、構造体「Member」のインスタンスを説明する文字列を戻す関数「Describe」を**リスト3-24**のように定義しますが、関数「fmt.Sprintf」は、PrintfやFPrintfなどの関数で出力される内容を文字列として戻してくれる関数です。

この関数の中で出力しなくてすむので、ほかの関数から呼び出しやすくなります。

リスト3-24　関数「Describe」。fmtパッケージのインポートが必要

```
import "fmt"  //これが必要

//リスト3-21
//リスト3-23

func Describe(m Member)string{
    return fmt.Sprintf("%sさんのポイントは%d点、有効ポイントは%.2f点",
    m.Name, m.Point, Effective(m))
}
```

●「functions.go」からモジュール「trueserver/data」を呼び出す

　「trueserver.go」からはなるべく「functions.go」の内容を呼び出したいので、まず「functions.go」から「trueserver/data」を呼び出せるようにしたいと思います。

　そこで、「functions.go」に、パッケージ「trueserver/data」を追加して、ただ「data.Describe」を呼び出すだけの関数「Describe」を定義します。(**リスト3-25**)

　重要な変更ではありませんが、最後に改行を追加しておくとラクです。
　この関数「Describe」も構造体「Member」のインスタンスを引数にとり、そのまま「data.Describe」の変数に渡します。
　なお、パッケージには関数「fmt.Sprint」のために「fmt」もインポートします。

リスト3-25　「functions.go」に定義する関数「Describe」

```go
import (
    "fmt"
    "trueserver/data" //追加
)

func Describe(member data.Member)string{
    s_string :=
        fmt.Sprintf(data.Describe(member))

    s_string +="\n" //改行を追加しておくとラク
    return s_string
}
```

　もう1つ、**リスト3-26**の「DescribeAllMembers」を定義しておきましょう。
　リスト3-25に続けて「functions.go」に定義します。

リスト3-26　関数「Describe」AllMembers

```go
func DescribeAllMembers(members []data.Member)string{
    s_string := ""
    for _, v := range members {
        s_string +=Describe(v) //リスト3-25の関数「Describe」
    }
    return s_string
}
```

　リスト3-26では、構造体Membersのインスタンスを要素にもつスライスを引数にとります。
　かなり複合度の高いデータ型ですが、こんなものも引数に取れます。
　複数の構造体インスタンスについて、その説明をまとめて書き出す文字列を戻します。

　以上、「data.go」および「functions.go」を保存したら、「functions.go」からモジュール「trueserver/data」を呼び出せるようにします。

まず、「trueserver/data」というモジュール名を、「funcitions.go」のあるフォルダ「functions」の中から、「data.go」のあるフォルダ「data」への相対パスに読み替えます。

一度「functions」フォルダを抜けて「data」フォルダに入るので、コマンドは**リスト3-30**の上の行の通りになります。

続いて、**リスト3-27**の下の行のように依存関係を記述させる「go mod tidy」コマンドを打ちます。

これらのコマンドはターミナルで「functions」フォルダに移動してから打ちます。

リスト3-27　「functions」フォルダに移動してから打つ2件のコマンド

```
go mod edit -replace trueserver/data=../data
go mod tidy
```

以上が、「functions.go」から「data.go」を呼び出すための作業でした。

●さらに、trueserver.goからも「trueserver/data」を用いる

さて「trueserver.go」と「data.go」の関係を考えましょう。

「trueserver.go」からは「functions.go」に定義した関数だけを呼び出すほうがスッキリするのでですが、構造体Membersそのものは「data.go」に定義したものを使わないといけません。

そこで、「trueserver.go」からも「trueserver/data」のインポートを行なうことにします。

リスト3-20で先に定義しておいた関数「with_structs」の中に**リスト3-28**のように記述します。構造体Memberのインスタンスのスライスを作成し、これをfunctions.DescribeAllMembersの引数に渡します。

リスト3-28　「trueserver.go」の関数「with_structs」に定義

```
import (

    //これまでのインポート

    "trueserver/data"
)

func with_structs(writer http.ResponseWriter,
    req *http.Request){

    members := []data.Member{
        data.Member{"ゆみこ", 56, 1.24},
        data.Member{"トシオ",44, 0.98},
        data.Member{"かをる", 70, 1.02}, //カンマ必要
    }
```

```
    fmt.Fprintln(writer, "***構造体を用いた関数***")
    fmt.Fprintln(writer,
        functions.DescribeAllMembers(members)) //出力

}
```

「trueserver.go」を保存したら、ターミナルで「trueserver」フォルダに移動します。

そして、リスト3-29の2件のコマンドで、「trueserver.go」からも「data.go」で定義された構造体を使えるようにします。

リスト3-28の上の行は、リスト3-5のコマンドにおいて「functions」を「data」に置き換えただけです。

リスト3-29 「trueserver」フォルダに移動してから打つ2件のコマンド

```
go mod edit -replace trueserver/data=./data
go mod tidy
```

●実行してみよう

ファイルをすべて保存してから、「trueserver.go」を再ビルドし、「trueserver.exe」を実行します。

ブラウザで以下のURLにアクセスしてみましょう。

```
http://127.0.0.1:8090/with_structs
```

図3-17のように表示されれば、この壮大なモジュール計画は成功です。

これ以上のシステム構築はもうしませんのでご安心ください。あとはコードに集中しましょう。

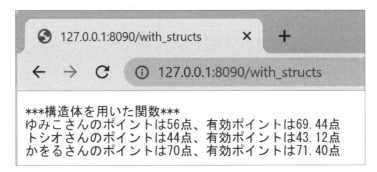

図3-17 複数のモジュールを参照する壮大なプログラムの結果

●構造体を戻り値にする関数

次に、構造体を戻り値にする関数を使ってみましょう。

「trueserver.go」の関数「with_structs」で、Members のインスタンスのスライス members を定義しました。
この複数の要素から、「有効ポイント」が最大の要素を選びます。

それには、まず「data.go」に、**リスト3-30**の関数「MaxPointMember」を定義します。

リスト3-30　「data.go」に定義する関数「MaxPointMember」

```go
func MaxPointMember(members []Member)Member{ //(1)

    mpm := members[0]

    for _, v := range members{
        if Effective(v) > Effective(mpm){ //(2)
            mpm = v
        }
    }

    return mpm
}
```

リスト3-30の「//(1)」で、関数「MaxPointMember」はMemberインスタンスのスライスを引数にとり、Memberインスタンスを1つ戻すことが分かります。
「//(2)」の処理は練習ということで荒っぽくしてあります。該当する値が「大きければ」変数mpmの内容をその要素で置き換えるという処理で「等しかったら」インデックスの若いほうがそのまま採用されることになります。最後に、変数mpmが保持しているMemberインスタンスを戻します。

次に「function.go」に**リスト3-31**の関数「DescribeMaxPointMember」を定義します。

リスト3-31　「functions.go」に定義する関数「DescribeMaxPointMember」

```go
func DescribeMaxPointMember(members []data.Member)string{
    s_string := "有効ポイント最大の方は¥n"

    mpm := data.MaxPointMember(members) //(1)

    s_string += fmt.Sprintf("%sさん", mpm.Name)
    s_string += "¥n"

    return s_string

}
```

リスト3-31の「//(1)」の箇所では、リスト3-30の関数「MaxPointMember」を「data.

MaxPointMember」として呼び出しています。

　戻り値のMemberインスタンスを変数「mpm」で受け取り、説明などを補いつつ、出力できる文字列を作成して戻します。

　最後に「trueserver.go」の関数「with_structs」の中で、これまでのものに続けて記述します。(リスト3-32)

リスト3-32　「trueserver.go」の関数「with_structs」に続けて記述

```
fmt.Fprintln(writer, "***構造体を戻す関数***")
fmt.Fprintln(writer,
        functions.DescribeMaxPointMember(members))
```

「trueserver.go」の記述がきわめて簡単になりましたね。

　ファイルをすべて保存してから「trueserver.go」を再ビルドし、「trueserver.exe」を実行します。
　ブラウザで「http://127.0.0.1:8090/with_structs」にアクセスしてみましょう。
　前回の実行のままブラウザが開いていたら、実行後ブラウザの再読み込みを行なっても、変更分の表示を確認できます。
　リスト3-30からリスト3-32までの変更分は図3-18のように表示されます。

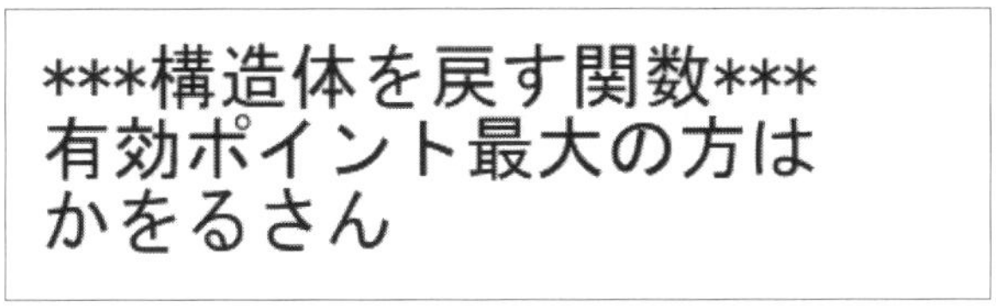

構造体を戻す関数
有効ポイント最大の方は
かをるさん

図3-18　リスト3-30からリスト3-32までの変更分

　以上、構造体を引数にしたり戻り値にしたりする関数も簡単に書けることが分かりました。簡単すぎて怖いですね。

　まだ、C言語譲りの「ポインタ、アドレス」を扱っていないため、C言語を学んだことのある方は拍子抜けしているでしょう。

　C言語では、構造体をそのまま変数に代入したり引数にとったりすることなどできず、「ポインタ」でその先頭のアドレスのみを受け渡しする必要がありました。
　しかし、Cのコンパイラに支えられているGoでは、ソースコードでそこまでしなくてもよくなっています。

　ポインタが必要なのは「そのアドレスにあるデータを直接書き換える」ときなので、次節で行なってみます。
　リスト3-32まで編集してきた関数「with_structs」は一旦置いておき、もっと短い別の関数で「アドレス、ポインタ」の実践を始めましょう。

3-4 関数とポインタ

Goではそれほど神経質にポインタを使う必要がありませんが、データの直接書き換えのときはポインタによるアドレスの参照が必要な場合があります。

特に、関数の引数にデータを渡す時です。いくつかの例で実感しておきましょう。

■データのアドレスとは

●データの先頭アドレスを指定

「コンパイルとは人間に分かる言葉を機械に分かる言葉に直すことです」とよく言いますが、この「機械に分かる言葉＝扱える情報の量と種類」とは、数値です。

整数で考えて見ましょう。

「変数aに整数5を代入した」というとき、「a」はコンパイル後は数値に置き換えられますが、5は5です。また、この「5」というデータがメモリ上の複数の場所にあったとして、どの場所の「5」であっても、5は5です。

一方、構造体のような複合したデータは、そのデータが保存されている「先頭のアドレス」を表す数値で特定します。「先頭」というのは、複合したデータは実は数値の配列なので、先頭さえ指定すれば、そのあとは読んで行けるのです。

●メモリアドレス指定で構造体を読み取る仕組みを模倣する

上記の仕組みを模倣してみましょう。

リスト3-33のようなメモリ空間があったとします。なんとも小さなメモリ空間です。

リスト3-33 メモリ空間を模倣したスライスmockmemory

```
mockmemory := []int{
    325, 14, 160, 440, 16, 175, //カンマ必要
}
```

なお、このとき、

```
mockmemory := []int{
    325, 14, 160, 440, 16, 175}
```

と、閉じ括弧の前で改行しなければ、最後の要素にカンマは要りません。

変数名「mockmemory」の「mock」は模倣という意味でつけています。

このメモリ空間に、**図3-17**のような構造のデータが2件分入っているとします。

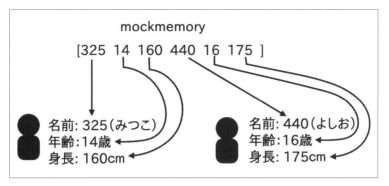

図3-19　325(みつこ)さんと440(よしお)さんのデータが入っている

　ですから、この構造のデータを記述する要素が「mockmemory」中のどのインデックスから始まるかを指定すれば、そこから名前、その次のインデックスの要素から年齢、そのまた次のインデックスの要素から身長を取り出せることになります。

　この工程は**リスト3-34**に示す関数「DescribeMockStruct」で記述できます。
　関数名は、あくまで「"Mock"Struct」であって、その処理では構造体を使っていません。

リスト3-34　関数「DescribeMockStruct」。構造体は使っていない。

```
func DescribeMockStruct(
    mockmemory []int,mockaddress int )string{
    s_string := fmt.Sprintf("名前は%dさん、",
        mockmemory[mockaddress])
    s_string += fmt.Sprintf("年齢%d歳、",
    mockmemory[mockaddress+1])
    s_string += fmt.Sprintf("身長は%dcm",
    mockmemory[mockaddress+2])
    return s_string

}//以上、funcsions.goに定義する
```

　では、動作するように以下の箇所に書いていきます。
　リスト3-34の関数「DescribeMockStruct」は、「functions.go」に定義します。
　一方、**リスト3-33**のスライスmockmemoryは、「trueserver.go」に書きますが、まず「trueserver.go」に**リスト3-35**のように関数「with_pointers」を定義し、同名のURLでアクセスできるようにします。

リスト3-35　「trueserver.go」に定義する関数「with_pointers」

```go
func with_pointers(writer http.ResponseWriter,
    req *http.Request){

    //リスト3-33などはここに書く

}

func main(){

    //これまでの記述

    http.HandleFunc("/with_pointers", with_pointers)

    http.ListenAndServe(":8090", nil)
}
```

リスト3-35の用意ができたら、関数「with_pointers」中に**リスト3-36**のように書きます。

リスト3-36　メモリアドレス指定を模倣する

```go
fmt.Fprintln(writer, "***「メモリアドレス指定」を模倣する***")

    //リスト3-33をここに書く

fmt.Fprintln(writer, "\n<<アドレス「0」指定>>")
fmt.Fprintln(writer,
        functions.DescribeMockStruct(mockmemory, 0))

fmt.Fprintln(writer, "\n<<アドレス「3」指定>>")
fmt.Fprintln(writer,
        functions.DescribeMockStruct(mockmemory, 3))
}
```

編集したファイル「functions.go」と「trueserver.go」を保存します。「trueserver.go」を再ビルドし、「trueserver.exe」を実行します。

ブラウザで、以下のURLにアクセスしてみましょう。
図3-20のように表示されれば成功です。

```
http://127.0.0.1:8090/with_pointers
```

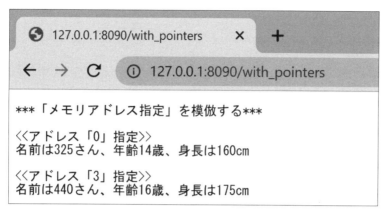

図3-20　アドレス指定を模倣して取り出したデータの表示

　以上、複合データの内容をそのデータの「先頭」のメモリアドレスで指定するというイメージがつかめたと思います。

　C言語では、複合データの内容は必ずアドレス指定で行います。しかし、Goではあまり必要ではありません。

　これまでやってきたように、変数に構造体インスタンスを渡して、あんな処理やこんな処理で振り回せました。

　必要になるのは、直接書き換えたいデータを関数の引数に渡す時です。どういうことか、以下の作業で実験してみましょう。

■アドレスを引数に渡す

●まずはやってみよう

　まずリスト3-37の関数「UpdateOrCopy」を「functions.go」に定義します。

リスト3-37　関数「UpdateOrCopy」

```go
func UpdateOrCopy(a int, b *int) int{
    a += 3
    *b += 3
    return a
}
```

　変数「b」についている「*」記号が来ました。
　しかし、実際使ってみないと分からないので、このまま保存します。

　次に、「trueserver.go」の関数「with_pointers」の中で、「funcsions.UpdateOrCopy」を呼び出します。(リスト3-38)

リスト3-38　関数「with_pointers」の中で「functions.UpdateOrCopy」を呼び出す

```
fmt.Fprintln(writer, "¥n***ポインタを使う意味***")

a, b := 10,10

aa := functions.UpdateOrCopy(a, &b)//(1)

fmt.Fprintf(writer, "a=%d, b=%d, aa=%d", a, b, aa)
```

「//(1)」のところがまた不気味ですね。

とにかく、「trueserver.go」も保存して、「trueserver.go」を再ビルドし、「trueserver.exe」を実行します。

ブラウザで「http://127.0.0.1:8090/with_pointers」にアクセスしてみましょう。
同じURLを表示させているので、ブラウザの再読み込みでも同じです。

リスト3-37と3-38に書いた内容が図3-21のように表示されれば、何をやっているのか考える準備は完了です。

```
***ポインタを使う意味***
a=10,  b=13,  aa=13
```

図3-21　リスト3-37と3-38に書いた内容の部分

変数「a, b, aa」に何が起こったのかを図3-21から見ると以下の通りです。
なんとなく、想像もつくでしょう。

変数名	初期値	関数「funcions.UpdateOrCopy」との関係	左記の関数呼び出し後の値	想像できること
a	10	引数に渡す	10	普通に引数で渡すと、元の変数の値は変わらない？
b	10	&記号をつけて引数に渡す	13	&をつけて渡すと、値が変わる？
aa		関数の戻り値を受け取る	13	aの値を処理した戻り値だから、当然変わるだろう！

●引数の「データ型」についている「*」は何か？

では、リスト3-41に示した関数「UpdateOrCopy」を考えます。

まず、引数aについてのみ見ておきましょう。これは簡単です。aに渡された値に3を足して、戻り値とします。

一方、引数bについては、まず定義のところを見ます。
「b *int」とありますが、Goの関数の引数の書き方の規則からすると、「b」は引数名で、

「*int」がデータ型になるはずです。

しかし、「*int型」という型はありません。

「b」には、この関数で処理してほしいデータがメモリ上に保存されているアドレスを渡すのです。

このあと実際に渡してみますが、データの「アドレス」はOSが管理していて、我々の知る由もないデータとして与えられます。ですから、「このデータのアドレスは『なに型』ですか」ということは問えません。

一方で、アドレスそのものの型よりもっと重要なのは、「そのアドレス上にあるデータの型」です。

変数「b」がもっているアドレスが「指すのは」整数データであり、「変数「b」からはint型のデータを読み出します」という意味で「*int」と書きます。

コンパイラからのメッセージなどでは「*int型」のように表現されていますが、「*int型」というデータ型があるわけではないので、割り切って読んでください。

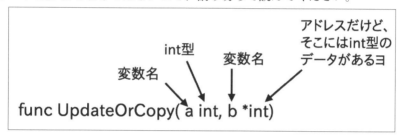

図3-22　引数のデータ型についている「*」が示すもの

●変数についている「*」は何か？

では、関数「UpdateOrCopy」の中で、変数bについている「*」は何か？

これは、「演算子」です。

「参照演算子」などと呼ばれ、変数bに作用して、bが保持しているアドレスのデータを参照します。

分かりやすい比較例が、「-1」などの負の数についている「マイナス記号」です。

この記号は、実は正の数である「1」に作用して負の数にする「演算子」に分類されますね。

「*」という演算子も、これと同じです。

演算子の「前」には項がなく、「後」にのみある「単項演算子」です。

つまり、「*b」という変数にデータが渡されているのではなく、「*b+=3」全体で、「bが保持しているアドレスのデータは整数なので、これに3を足せ」という処理を命令していると考えるとよいでしょう。

同じ「*」という記号が、引数の表記と関数の中で少し違う意味で使われているのですが、

C言語が設計されたころのコンピュータの性能を考えると、キーワードなどで長々と説明することはできず、同じ記号を使い回していたのかなとは思います。

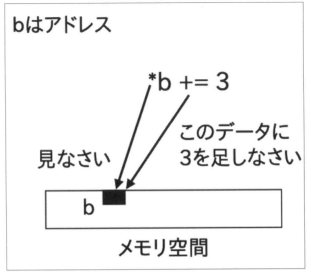

図3-23 変数名についている「*」は演算子

●関数の引数に渡すのは「情報」のみ

　一方、これまでのように引数に変数「a」を渡す時、渡すのはaに渡されたデータの「値」のみです。

　受け取った引数は、その値がどこから読み出されたのは知りません。

　一方、引数に値を渡した変数も、ただ「10」という値のみを伝え、それがどうなるかは知りません。

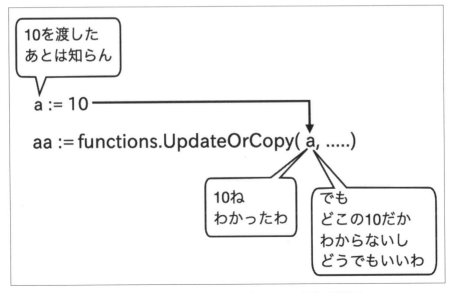

図3-24 変数aから引数aには値のみが渡され、それ以上の関係はない

引数を通して伝えられた値はメモリ上のどこか別の箇所に一時保存されます。

それっきり使われなければメモリの無駄なので、言語によってはコンパイルや実行の際に警告が出たり、厳しい場合はコンパイルエラーになります。

リスト3-41では、引数「a」に渡された値「10」に3を足して、戻り値としています。

これを変数「aa」で受け取るのは、これまで何度もやったことです。

●引数にアドレスを渡すには

最後に、リスト3-42の「//(1)」にあるように、関数「UpdateOrCopy」の引数bに渡す値は、変数bが保持している値のアドレス「&b」です。

値そのものは渡さない一方、その場所にある値の処理は引数を通して関数の処理にまかせます。

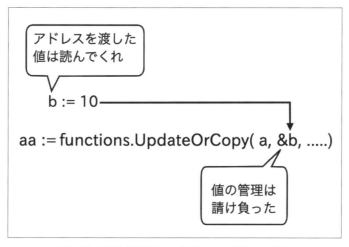

図3-25 変数bが保持しているデータのアドレスを渡す

■結局「ポインタ」とは

●直接記せないものを示すから「ポインタ」という

以上、ずっと「アドレス」という言葉を使って説明してきましたが、それでは「ポインタ」とはなにかと考えますと、「これがポインタです」という「実体」はありません。

手法全体を指す言葉であり、アドレスの「型」を書けなかったり、アドレスを直接ソースコードに書き込めなかったりするのを、書ける「変数」や「データ型」に記号をつけて示すような手法が「ポインタ」と呼ばれます。

そこで「*int」は「int型データへのポインタ」とか、「*b」を「ポインタ変数」とか呼ぶこともあります。本書では「用語」を使わず、そのつど説明しながら進めたいと想います。

■構造体のアドレスを用いた関数

●構造体Memberのフィールドpointを変更する関数

さて、構造体の話に戻りましょう。構造体を引数に渡す方法として**リスト3-26〜3-33**を書きましたが、構造体のフィールドの値を「読んだ」だけで、「書き換え」をまだ行なっていませんでした。

構造体を関数の引数に渡して、関数の中でフィールドの値を変更するときには、構造体のアドレスを渡す必要があるのです。

しかし、今用いているモジュール3つのシステムにはちょっとヒネリがあります。

「trueserver.go」から「function.go」を経て、「data.go」の関数を呼び出していきます。

このように、複数の関数で同じメモリアドレスを扱うには、「アドレスのアドレス」を参照する「ポインタのポインタ」が確実です。

OSのような高度なメモリ管理システムでは、あるデータのアドレスそのものも、どこかに保存されています。「○○さんの住所は、事務室の住所録を見れば分かります」の「事務室の住所録」にあたるのが「○○さんのアドレスのアドレス」です。

もっと言えば、「○○さんの住所が書いてある住所録」のアドレス「事務室」が○○さんのアドレスのアドレスのアドレス…となっていくわけです。

なぜそうしなければいけないのかを説明する前に、次章でもっとラクに「自分自身を更新する方法」であるメソッドを学んで、ホッとしてから説明したいと思います。

「data.go」に**リスト3-39**のように、AddPointという関数を定義します。今までより星が一個増えるだけです。

リスト3-39　「data.go」に定義する関数AddPoint

```go
func AddPoint(member **Member, p int){
    (**member).Point +=p //(1)
}
```

ただし、リスト1の「//(1)」に示す通り、「どこに星をつけるか」が問題です。

「**member.Point」と書くと、「memberから取り出したフィールドPoint」につけたのか、「member」につけたのかがわからない時があります。

引数はmemberのアドレスのアドレスを受け取っています。

まず、アドレスのアドレスからmemberのアドレスを経てmemberそのものを見出してから、そのフィールドPointの値を見出して、pを加えるのです。

そこで、「**member」を括弧で囲んでおくのが確実です。これは、「functions.go」に定義する関数「AddPointAndReport」についても同じです。（**リスト3-40**）

リスト3-40 「functions.go」に定義する関数「AddPointAndReport」

```go
func AddPointAndReport(member**data.Member, p int)string{ //(1)

    data.AddPoint(member, p) //(2)

    s_string:= "<<得点アップサービス>>¥n"
    s_string +=fmt.Sprintf("%sさんのポイント%d点アップ¥n",
    (**member).Name, p) //(2)
    s_string += "¥n"

    return s_string //(3)
}
```

リスト3-40の関数「AddPointAndReport」は、「functions.go」のほかの関数と似た働きで、「data.go」に定義したデータ処理専用の関数を呼び出して、処理後のデータについて説明文を作成して戻り値とします。

この関数の「//(1)」で示す引数「member」の「型」に相当する記法に注目しておきましょう。

「data.Member」に「**」を付けてあります。
dataは呼び名なので「dataに星がついているのか」と間違われるおそれはありません。
このように、アドレスのアドレスとして受け取った引数「member」の値について、2通りの処理をします。

1つは「//(2)」で、アドレスのアドレスとして受け取った引数「member」の値をそのまま、data.AddPointに渡しています。
「このアドレスのアドレスでどうか本体にたどり着いてほしい」と、願いをこめて打ちたい内容です。

もう1つが「//(3)」で、すでにこの関数の中で「アドレスのアドレス」からMemberインスタンスの中身にたどり着き、フィールドNameの値を説明文に用いています。
「//(4)」で、完成した説明文を戻します。

リスト3-40の関数「AddPointAndReport」は「trueserver.go」の関数「with_structs」の中で呼び出します。「with_structs」はリスト3-32まで編集してきました。

このあとに、リスト3-41を追記します。
既に定義されているmembersの要素を利用して変更や表示の処理をしてみます。

リスト3-41 「trueserver.go」の関数「with_structs」の定義に追記

```go
fmt.Fprintln(writer, "***構造体のポインタを用いる関数***")

member_add := &members[0] //(1)

fmt.Fprintf(writer,
    functions.AddPointAndReport(&member_add, 12)) //(2)
```

リスト3-41では、まず「//(1)」で、記号「&」を用いてmembers[0]が保持するデータの
アドレスを変数member_addに渡しました。

　そして次に、「//(2)」でさらにリスト3-45で定義した関数をfunctions.
AddPointAndReportという名前で呼び出し、引数にmember_addが保持するデータの
アドレス、つまりmembers[0]の保持するデータのアドレスのアドレスを渡したのです。

　「&&members[0]」という書き方はないので、2段階で処理しました。この引数の渡し
方を図3-26に示します。

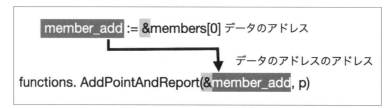

図3-26　データのアドレスのアドレスを関数の引数に渡す

　このように渡された「データのアドレスのアドレス」は、関数「functions.
AddPointAndReport」の中で、図3-27のように処理されていくはずです。
　リスト3-38の定義を思い返しながら流れを追ってみてください。

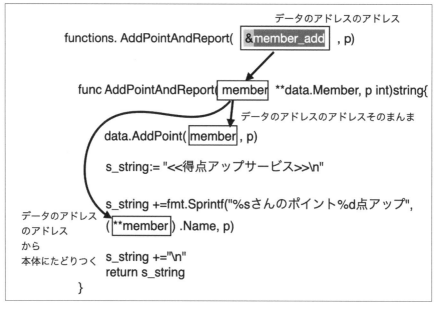

図3-27　引数として受け取ったデータのアドレスのアドレスを処理する流れ

●本当に変更されたのか？

さて、これで本当に、「trueserver.go」の関数「with_structs」の「members[0]」の値が変更されたのでしょうか？

どこか別の場所にコピーされて、ただそのコピーが処理されたということはないでしょうか？

それを確認するためには、リスト3-42に続いて、これまできわめて普通にやっていたように、「functions.Describe」に「members[0]」をそのまま渡します。

「members[0]」のフィールドPointの値が変更されたかどうか、これで分かります。

リスト3-42　「trueserver.go」の関数「with_structs」

```
fmt.Fprintln(writer, functions.Describe(members[0]))
```

以上、ファイルをすべて保存したら、「trueserver.go」を再ビルドし、「trueserver.exe」を実行します。

こんどは、ブラウザのURLを「http://127.0.0.1:8090/with_structs」にします。

リスト3-39から3-42の変更分が、図3-26のように表示されれば成功です。

左側には、図3-17で軽い気持ちで出力した内容を再掲しておきます。

みなさんは、ブラウザ上で見れるでしょう。

members[0]のポイントが56点から12点アップして68点になるのが確認できました。

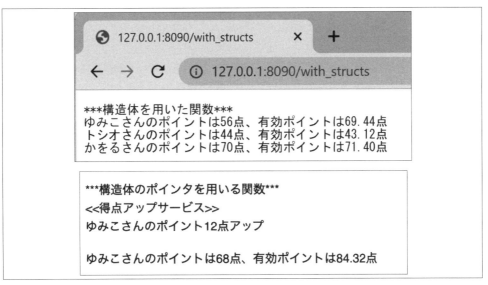

図3-28　リスト3-39～3-42の変更内容(上)と図3-17の再掲(下)。

●構造体インスタンスをコピーして処理する関数との比較

ダメ押しで、構造体インスタンスをそのまま引数として渡して処理する関数も作ってみましょう。

まず、「data.go」にリスト3-43の関数「CreateFriendMember」を定義します。
「Friend」(お友達)というのは、既存のメンバーの保有ポイントをそのまま引き継ぎ、名前だけを変更するからです。

つまり、リスト3-43の引数「member」について「member.Name」を、もう1つ渡す引数「name」の値にします。

リスト3-43 「data.go」に定義する関数「CreateFriendMember」

```
func CreateFriendMember(member Member, name string )Member{ //(1)
    member.Name = name//(2)
    return member
}
```

リスト3-43の「//(1)」では、引数「member」がMemberのインスタンスそのままです。
この引数が受け取った内容を処理して、戻り値としますので、戻り値の型はMemberとなります。明快な型指定です。

しかし、Goでは、このようにアドレスではなくそのままを引数に渡すと、関数ではデータのコピーを受け取ります。
ですから、「//(2)」ではコピーの内容を変更しているだけで、引数に渡したデータは、そのままです。

「functions.go」の中で、このリスト3-43の関数を呼び出す関数「CreateFriendAndReport」を定義します。
戻すのは関数「data.CreateFriendMember」から戻されるMemberインスタンスと、説明の文字列です。

リスト3-44 「functions.go」に定義する関数CreateFriendAndReport

```
func CreateFriendAndReport(member data.Member,
    friend_name string)(data.Member, string){ //(1)

    friend := data.CreateFriendMember(member, friend_name)//(2)
    s_string :=fmt.Sprintf(
        "%sさんの紹介で、お友達%sさんが加わりました",
        member.Name, friend_name)//(3)
    s_string +="¥n"
    return friend, s_string //(4)
}
```

リスト3-44の「//(1)」に、戻り値が括弧の中に列記されています。

「data.Member型」と、「string型」です。

「//(2)」で、「data.CreateFriendMember」の引数に、引数「member」と「friend_name」がそれぞれ、受け取ったままの値を渡します。そして、関数の戻り値であるMemberインスタンスを変数friendが受け取ります。

そこで「//(3)」が重要です。引数「member」を関数に渡してしまいました。が、そのmember自体の内容は変わりません。

これを示すために、「member.Name」の値を表示させます。

「お友達」の名前は、引数「friend_name」の値を表示させるだけです。

「//(4)」で、関数で処理後のMemberインスタンスfriendと、説明文を書式つきで作成した「s_string」とを戻します。

「s_string」の中には「//(3)」のmemberの情報が含まれていますから、関数に渡した引数「member」と関数で処理後のfriendの内容を比較できます。

リスト3-44で引数に渡されたデータの流れを、図3-29に示します。

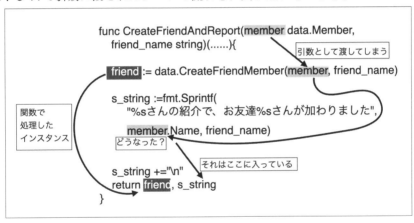

図3-29　関数「CreateFriendANdReport」におけるデータの流れ

最後に、「trueserver.go」の関数「with_structs」の中に、さらにリスト3-45を記述します。リスト3-41に続けて書いてください。

リスト3-45　「trueserver.go」の関数「with_structs」の中に記述

```
friend, s_string :=
    functions.CreateFriendAndReport(members[1],"エミコ")//(1)
fmt.Fprintln(writer, s_string) //(2)

fmt.Fprintln(writer, functions.Describe(friend)) //(3)
```

リスト3-45の「//(1)」では、この関数「with_structs」の中で定義したmember[1]を、リスト3-44の「functions.CreateFriendAndReport」にそのまま渡します。

もう1つの引数には、名前を変更するための文字列"エミコ"を渡します。

「//(1) 」の関数の戻り値を受け取った2つの変数のうち、まず説明文を受け取った「s_string」の内容を「//(2)」で表示します。

一方で、処理したMemberインスタンスを受け取ったfriendのほうは、「functions. Describe」でその内容を表示させます。（//(3)）

最後に、最初に引数に渡したmembers[1]自体が変わらないことも確かめるためにリスト3-46を記述します。

リスト3-46　「trueserver.go」の関数「with_structs」の中に続けて記述

```
fmt.Fprintln(writer, functions.Describe(members[1]))
```

リスト3-45とリスト3-46で「処理すること」と「確かめたいこと」を図3-30に示します。

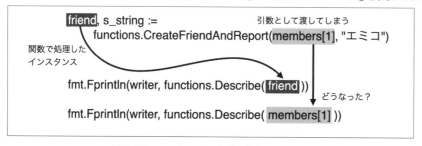

図3-30　members[1]をどう処理して、何を確かめたいのか

ファイルをすべて保存したら、「trueserver.go」を再ビルドし、「trueserver.exe」を実行します。

ブラウザで「http://127.0.0.1:8090/with_structs」のアドレスを読み込み直します。
多くの方はブラウザで図3-25を見たままだと思うので、再読込してください。
リスト3-43〜3-45の変更分が、図3-31のように表示されれば成功です。

> ***構造体のコピーを返す関数***
> <<お友達紹介>>
> トシオさんの紹介で、お友達エミコさんが加わりました
>
> エミコさんのポイントは44点、有効ポイントは43.12点
>
> トシオさんのポイントは44点、有効ポイントは43.12点

図3-31　トシオさんのコピーを関数に渡して、エミコさんが作成された

以上、関数とデータを分けて記述するためのモジュールの整備から始まって、関数とポインタ表記について、かなり盛りだくさん学んだと思います。
次章では、無理してポインタを使わなくてもデータを自由に処理できる方法として、メソッドその他の工夫を学びます。

第4章

メソッドとインターフェイス

Goには関数のほかに「メソッド」が使え、メソッドを抽象化する
方法が「インターフェイス」です。
　ただし、Goのメソッドとインターフェイスは、オブジェクト指
向プログラミングとかなり違うので、特殊な関数と考えて使ってい
きましょう。

4-1　　メソッドの基本

■メソッドの基本

●メソッドの定義

　Goにおける基本的なメソッドの定義は簡単です。

　前章まで関数の引数や戻り値に使っていた構造体「Member」についてもメソッドを定義できます。

　「data.go」で、構造体「Member」のインスタンスについて有効ポイントを計算して戻す関数「Effective」を作りました(リスト3-23)。

　これとまったく同じ働きをするメソッド「EffectiveM」を定義します(リスト4-1)。

リスト4-1　「data.go」に定義するメソッド「EffectiveM」

```
func (member Member)EffectiveM() float64{
    return float64(member.Point)*member.Coeff//(1)
}
```

　一見「どこが違うのか？」と思うのではないでしょうか。
　違いは図4-1に示す通りです。

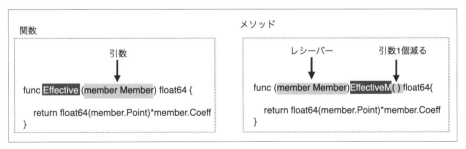

図4-1　関数とメソッドの定義方法の違い

　関数では、処理対象のインスタンスを引数に渡しますが、Goの「メソッド」では、インスタンスをメソッド名の前に置きます。

　そして、このようにして置かれる特別な引数を「レシーバ」と呼びます。

　それまで引数に渡されていたものがレシーバの位置に来るため、引数は1個減ります。

　関数「Effective」では、引数がインスタンス1個だけでしたから、それと同じような処理をするメソッドでは引数が「0」になります。

●メソッドの「呼び出し方」

　オブジェクト指向プログラミングの経験があると分かりますが、メソッドはインスタンスが「呼び出す」ことで機能します。

　Goのメソッドも、同じ形をとります。

　「data.go」に、構造体「Member」をレシーバにしたメソッドをもう1つ定義して、その中で**リスト4-1**のメソッドを呼び出してみましょう。

　リスト3-24の関数「Describe」で**リスト3-23**の関数「Effective」を呼び出すように定義しました。

　同じように、メソッド「EffectiveM」を呼び出すメソッド「DescribeM」を定義します(**リスト4-2**)。

リスト4-2　メソッド「DescribeM」

```go
func(member Member)DescribeM() string{
    return fmt.Sprintf("%sさんのポイントは%d点、有効ポイントは%.2f点",
    member.Name, member.Point, member.EffectiveM())//(1)
}
```

　リスト4-2の「//(1)」で、引数「member」に渡された構造体「Member」のインスタンスが、メソッド「EffectiveM」を「呼び出して」います。

　図4-2に関数「Effective」を呼び出す関数「Describe」と、メソッド「EffectiveM」を呼び出すメソッド「DescribeM」の違いを示します。

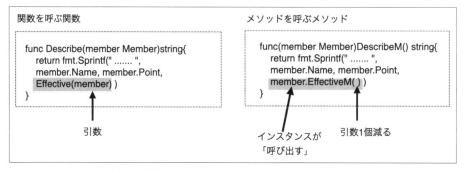

図4-2　関数「Effective」を呼び出す関数「Describe」と、メソッド「EffectiveM」を呼び出すメソッド「DescribeM」の違い

●メソッドは関数の一種

以上が、Goのメソッドの書き方の基本です。

　公式のチュートリアルでも「メソッド」と読んでいますが、Goのメソッドは「関数」の一種です。
　「レシーバ」とはインスタンスをレシーブ（受ける）特別な引数で、普通の関数の引数と区別されます。
　第三者によるチュートリアルでは、オブジェクト指向におけるメソッドとの混同を避けるために「**レシーバ関数**」と呼んでいるところもあります。

■ほかのモジュールのメソッドを呼ぶ

●メソッドはインスタンスに紐付いている

　ほかのモジュールの関数はパッケージ名をつけて呼び出すことを前章で何度もやりました。
　たとえば、「functions.go」から「data.go」の関数を呼び出すときは、「data.関数名」です。
　では、ほかのモジュールのメソッドを呼び出すにはどうすればいいでしょうか？

　実は、メソッドはインスタンスに紐付いています。
　そのため、インスタンス（ほとんどは構造体）をパッケージ名でしっかり呼び出せば、メソッドにまでパッケージ名をつける必要はありません。
　これも、メソッドの便利なところと言えるでしょう。

　リスト4-2に定義したDescribeMを、「functions.go」から呼び出す関数「DescribeM_ALLMembers」に定義してみます。

　関数「data.Describe」を呼び出す**リスト3-26**の関数「DescribeAllMembers」と同じ働きをするものです。
　「functions.go」に、**リスト4-3**のように定義します。

リスト4-3 「functions.go」に定義する関数「DescribeM_AllMembers」

```go
func DescribeM_AllMembers(members []data.Member)string{

    s_string := "メソッドを使って書き出しても¥n"
    for _, v := range members {
        s_string += v.DescribeM()//(1)
        s_string += "¥n"
    }
    return s_string

}
```

リスト3-25の関数「DescribeAllMembers」と、リスト4-3の関数「DescribeM_AllMembers」の違いは「//(1)」の部分だけです。

関数だけを用いる関数

```go
func DescribeAllMembers(
    members []data.Member)string{

    s_string := ""
    for _, v := range members {

        s_string += Describe(v)
    }
    return s_string
}
```

関数の中でメソッドも呼ぶ

```go
func DescribeM_AllMembers(
    members []data.Member)string{

    s_string := ""
    for _, v := range members {

        s_string += v.DescribeM()
    }
    return s_string
}
```

図4-3 関数「Describe」AllMembersとDescribeM_AllMembers、違うのは一ヶ所だけ

「trueserver.go」の関数with_structsにもう少し書き足して行きましょう（リスト4-4）。

リスト4-4 「trueserver.go」の関数with_structsにメソッドがらみのコードを書き足す

```go
members = append(members, friend)//(1)

fmt.Fprintln(writer, "¥n***メソッドの使用***")
fmt.Fprintln(writer,
    functions.DescribeM_AllMembers(members))//(2)
```

リスト4-4では、せっかく前章の最後に新しいMemberインスタンス「friend」ができたので、それをスライス「members」に追加しています。

こうして要素が1つ増えた「members」について、関数「functions.DescribeM_AllMembers」を通じて、「data.Members」のメソッド「DescribeM」の動作を確かめるのが「//(2)」です。

ファイルをすべて保存します。

「trueserver.go」を再ビルドし、「trueserver.exe」を実行します。

ブラウザから関数「with_structs」を呼び出してみましょう。

以下にURLを再掲します。

```
http://127.0.0.1:8090/with_structs
```

ブラウザに、**図4-4**のように表示されれば成功です。

メソッドの使用

メソッドを使って書き出しても

ゆみこさんのポイントは68点、有効ポイントは84.32点

トシオさんのポイントは44点、有効ポイントは43.12点

かをるさんのポイントは70点、有効ポイントは71.40点

エミコさんのポイントは44点、有効ポイントは43.12点

図4-4　メソッドを用いてmembersの要素であるMemberインスタンスを繰り返し書き出した

4-2　メソッドの特徴的な使い方

前節では、関数もメソッドも「書き方が違うだけ」という感じがしましたね。

本節では、もっとメソッドの特徴に踏み込んでみましょう。

■レシーバにポインタ表記を用いる

●データを直接書き換えるにはメソッドがオススメ

Goでは、関数の引数には「コピー」が渡されます。

これは「元のデータを書き換えたい」ときに頭の痛い問題です。

書き換えるためには「アドレスを引数に渡せ」と言えば簡単ですが、引数に渡したアドレスをほかの関数に渡すならばアドレスのアドレスを渡さなければならず、面倒くさいことになります。

実は、Goでは「データを直接書き換える」方法として「メソッド」を多く使い、関数より楽に書き換えることができます。

そして、書き換える際のコツとして「レシーバをポインタ型で記述」があります。

●Memberインスタンスのフィールドを書き換える

第3章では、名前がトシオさんというメンバーが、エミコさんというお友達を紹介したことにしてあります。

普通お友達を紹介すると特典がありますね。

そのシナリオで、トシオさんに相当するインスタンスmembers[1]のフィールドを書き換えられるようなメソッドを作成します。

まず「data.go」に**リスト4-5**のメソッド「AddPointM」を定義します。

リスト4-5 「data.go」に定義するメソッド「AddPointM」。「ポインタレシーバ」を使用

```
func (member *Member)AddPointM(p int){ //(1)
    member.Point += p
}
```

リスト3-43の関数AddPointと比べると、位置は**図4-4**のように引数かレシーバかという違いだけですが、レシーバであれば、アドレスを渡せばすみます。

なおかつ、メソッドの処理の中では、「*」をつけなくても、レシーバのアドレスからたどり着いたデータを処理してくれます。

これは簡便表記ですが、本当にアドレスを保持したい時には厄介なので、メソッドの処理ではあまり難しいアドレス操作をしないのが無難です。

このようなレシーバを「**ポインタレシーバ**」と呼びます。

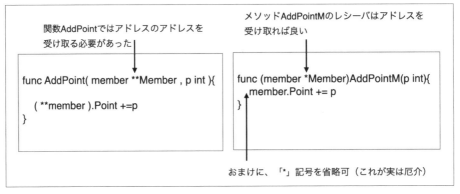

図4-5 「ポインタレシーバ」のメソッド。簡便表記はたまに厄介なことがある

●ほかのモジュールから「ポインタレシーバ」のメソッドを呼び出す

「functions.go」からdata.Memberのメソッド「AddPointM」を呼び出す関数「AddPointMAndReport」を呼びます。

これは、関数だけで処理する**リスト3-40**の「AddPointAndReport」と処理はまったく同じですが、表記がかなり違います。

リスト4-6 「functions.go」に記述する「AddPointMAndReport」

```
func AddPointMAndReport(member *data.Member, p int)string{ //(1)

    member.AddPointM( p ) //(2)
```

```
    s_string:= "<<メソッドによる得点アップサービス>>¥n"

    s_string +=fmt.Sprintf("%sさんのポイント%d点アップ",
        member.Name, p) //(3)

    return s_string

}
```

　リスト4-6の「//(1)」では、レシーバ「member」に「data.Member」のアドレスを受け取る表記で書けます。

　「//(2)」「//(3)」では、レシーバ「member」に「*」をつけなくとも、本体のデータを処理できます。

　「//(2)」では、memberで参照するインスタンスがメソッド「AddPointM」を呼ぶので、パッケージ名「data」は記述の必要がありません。

　また、「AddPointM」の引数は「p」1つだけです。

　以上の違いを図4-6に示します。

　関数「data.AddPoint」を呼んでいた関数「AddPointAndReport」に比べて、表記はだいぶ簡単になりました。

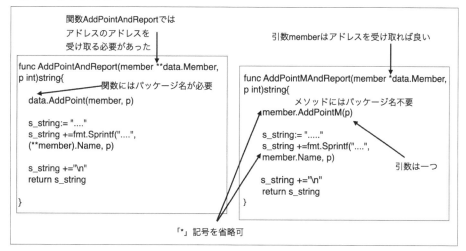

図4-6　関数だけで記述していた「AddPointAndReport」と、メソッドを利用する関数「AddPointMAndReport」

●「ポインタレシーバ」にアドレスを渡す

　では、「trueserver.to」の関数「with_structs」の中で、Membersのインスタンスmembers[1]のアドレスをメソッドに渡してみましょう。

　リスト4-7のように、「functions.AddPointMAndReport」の引数に「members[1]」のアドレスを渡します。

リスト4-7　「trueserver.go」の関数with_structsに追記

```
fmt.Fprintln(writer, "¥n<<お友達紹介特典>>")
fmt.Fprintln(writer,
    functions.AddPointMAndReport(&members[1], 20)) //(1)
```

　リスト4-7の「//(1)」の部分です。

　リスト3-41で、関数だけで記述する「function.AddPointAndReport」を用いて「members[0]」のフィールドPointの値を変更するときにはアドレスのアドレスを渡す必要がありました。

　リスト4-7では、members[1]のアドレスを渡すだけですみます。

　では、本当にmembers[1]のフィールドPointは変更されたのでしょうか？
　確かめるためにリスト4-8を追記します。

リスト4-8　members[1]のフィールドの値を確認する

```
fmt.Fprintln(writer, functions.Describe(members[1]))
```

　ファイルをすべて保存して、「trueserver.go」を再ビルドし、「trueserver.exe」を実行します。

　ブラウザでURL「with_structs」にアクセスします。
　図4-4を表示したままブラウザが開いていたら、再読込で表示できます。

　図4-7のように、「トシオさん」のポイントが44点から64点にアップしており、members[1]のフィールドPointの値を直接変更できました。

```
<<お友達紹介特典>>
<<メソッドによる得点アップサービス>>
トシオさんのポイント20点アップ
トシオさんのポイントは64点、有効ポイントは62.72点
```

図4-7　構造体インスタンスのフィールドを直接書き換えられた

　これで、関数「with_structs」の表記は完了したので、次は新しい関数を書きましょう。

■連続処理

●座標を渡り歩く構造体Traveller

　以上、メソッドを使うと、複数のモジュールで共通のデータにアクセスする記述が簡単になりました。

　もう1つの特徴的な使い方は、メソッドで構造体のインスタンスを戻すことによって、そのインスタンスがまたメソッドを呼ぶように記述できることです。

　その例として、**リスト4-8**のような構造体「Traveller」を「data.go」に定義しましょう。

リスト4-8　構造体「Traveller」

```
type Traveller struct{
    Name string
    X int
    Y int
    Record string
}
```

　リスト4-8のTravellerは、以下のフィールドをもちます。

フィールド名	データ型	説明
Name	string	旅人の名前
X	int	旅人の到達地点のX座標
Y	int	旅人の到達地点のY座標
Record	string	旅人の到達地点を文字列として保持する

　この構造体がなぜ「旅人」なのか、これから明らかになっていきます。

　リスト4-8に続けて、この構造体「Traveller」のインスタンスを作成して戻す関数「CreateTraveller」を**リスト4-9**のように記述します。

リスト4-9　関数「CreateTraveller」

```
func CreateTraveller(name string, x int, y int)Traveller{
    t:=Traveller{}
    t.Name=name
    t.X=x
    t.Y =y
    t.Record = fmt.Sprintf("%s さん(%d,%d) 地点よりスタート¥n",
    t.Name, t.X, t.Y )//(1)
    return t
}
```

　リスト4-9の「//(1)」を見てください。

　フィールドRecordに、このように文字列をつなげていくのです。

●レシーバに渡した値に処理をして戻すメソッド

　構造体Travellerのインスタンスをレシーバに渡して、このインスタンスに処理をして戻り値とするメソッド「Travel」を作ります。（**リスト4-10**）

リスト4-10　メソッド「Travel」

```
func(t Traveller)Travel(x int, y int)Traveller{
    t.X=x
    t.Y=y
    t.Record += fmt.Sprintf("(%d, %d)へ移動¥n", x, y )
    return t //(1)
}
```

　リスト4-10では、「Traveller」のインスタンス「t」がレシーバです。
　引数には、到達したい地点のX, Y座標を与えます。

　このように「t」のフィールドX, Yが変更されるのが「旅」です。
　「//(1)」で、「t」自身を戻り値にします。

　同様に、旅を終えるメソッド「Goal」を作ります。（**リスト4-11**）

リスト4-11　メソッドGoal

```
func(t Traveller)Goal()Traveller{
    t.Record +="到着です¥n"
    return t
}
```

　ただし、レシーバである「t」が受け取るのは、渡されたインスタンスのコピーです。

　戻り値は、最初に渡されたインスタンスのコピーに処理をした結果です。
　そのため、データを直接書き換えるわけではなく、ほかの場所に作成されたコピーで置き換えられます。
　レシーバにインスタンスのアドレスを渡すようにすると、扱いが複雑になるので、本書ではコピーの置き換えだけで行きたいと思います。

●メソッドの戻り値がまたメソッドを呼べる

　この構造体「Traveller」のインスタンスの作成とメソッドの実行は、「functions.go」で仲介するまでもなく、「trueserver.go」で簡潔に書けます。

　なぜなら、**リスト4-10**のように用いるからです。
　ひさしぶりに新しく作る関数「with_methods」です。

リスト4-12 「trueserver.go」に関数「with_methods」を作成

```go
func with_methods(writer http.ResponseWriter,
    req *http.Request){

    fmt.Fprintln(writer, "***連続処理***")
    marco := data.CreateTraveller("マルコ", 0, 0)//(1)
    marco = marco.Travel(2,3). )//(2)
    Travel(12,24).
    Travel(45,78).
    Goal() //(3)

    fmt.Fprintln(writer, marco.Record) //(4)
}

func main(){
    //これまでの記述//
    http.HandleFunc("/with_methods", with_methods)
    //これは必ず一番最後に
    http.ListenAndServe(":8090", nil)
}
```

リスト4-12の「//(1)」で、Travellerのインスタンスを作成し、変数「marco」に渡します。
そして、このmarcoが、メソッド「Travel」を呼びます。(//(2))
その戻り値は、marcoが最初にもっていたインスタンスのコピーです。
「Traveller」のインスタンスなので、これもメソッド「Travel」を呼べます。

このようにして「//(3)」でメソッド「Goal」までを呼んだ戻り値が、最終的に変数「marc
に渡される仕組みになっています。(図4-8)

最後に、「//(4)」で変数「marco」に渡されたインスタンスのRecordフィールドを書き
出します。

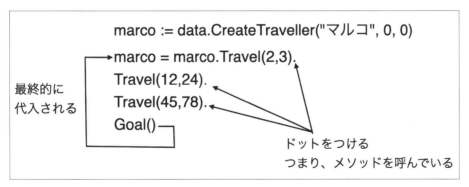

図4-8　変数marcoに渡される情報が更新される仕組み

ファイルをすべて保存してから「trueserver.go」を再ビルドし、「trueserver.exe」を実
行します。

ブラウザで以下のＵＲＬにアクセスします。

```
http://127.0.0.1:8090/with_methods}
```

図4-9のように、「マルコさん」の旅程が表示されれば成功です。

1行ずつ表示されているのは、1件の文字列の中に含まれている「改行記号」の効果です。

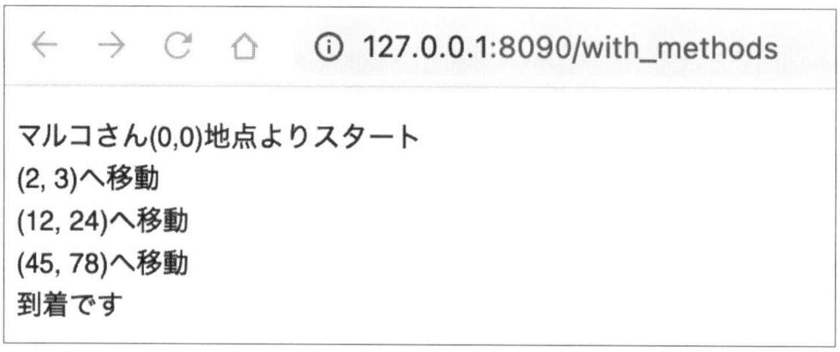

図4-9 「with_methods」ページ、「マルコさん」の旅程が表示される

メソッドの利点は、次節に学ぶ「インターフェイス」が使えることにもあります。

4-3 インターフェイスとメソッド

「インターフェイス」は、メソッドを抽象化したものです。

データの記述方法が「構造体」しかないGoでは「インターフェイス」の使用により構造体を抽象化できます。

どういうことか実際にやってみましょう。

■インターフェイスの基本

●インターフェイスの最終目的はデータ型の抽象化

「インターフェイス」はメソッドを抽象化したものです。

オブジェクト指向プログラミングの経験がある方にはおなじみだと思いますが、Goでは、メソッドの抽象化によってデータ型も抽象化できるという特徴があります。

●インターフェイスを必要とする問題例

データの抽象化を考えるにあたって、まず1つの問題を提起します。

「配列」は、同じデータ型の要素から構成されなければならないのは分かります。

Goでは「スライス」という、配列の制約をいろいろと自由にした（要素数を特定しなくてよい、「append」関数で要素を増やせるなど）形の表現も与えられていますが、それでさえも、要素のデータ型は同じでなければなりません。

「数値」と「文字列」を1つの配列に入れられないのは分かりますが、「整数」と「小数」を一緒に入れられないというのは、日常生活の始点から見てちょっと不便です。

「2倍から2.5倍」という使い方はよくしますが、そのときに「2倍と2.5倍を比べることはできない。それを言うなら2.0倍から2.5倍と言うべきだ」とツッコミを入れたら、感心されればいいのですが、嫌われる確率も0.5倍以上ありそうです。

●「1.5倍か2倍というところでしょうか」と出力してみる

そこで、インターフェイスと構造体を用いて、図4-10のような出力を実現してみましょう。

```
***インターフェイスの練習***
スケール的には
1.5倍か
2倍か
2.5倍か
3倍か
3.5倍か
というところでしょうか
```

図4-10　大づかみな見積もりを言えるプログラム

●値は数値型のカスタム型

まず、「data.go」に、リスト4-13のような2つのデータ型Half, Fullを定義します。これは何でしょうか？「構造体」を定義する「struct」の指定がありません。

リスト4-13　謎のデータ型「Half」と「Full」

```
type Half float64

type Full int
```

この謎のデータ型は、ビルトインのデータ型の値を保持しつつカスタムのメソッドを呼べるようにする簡便法です。

「構造体」を、たとえば以下のように定義すればいいのですが、書式が複雑になります。

```
type Half struct{value float64}
type Full struct{value int}
```

●インターフェイスの定義

続いて、インターフェイスを定義します。

Goに特徴的な仕様として、インターフェイスも「型」として宣言します。
しかし、インターフェイスそのものが「データ型」なわけではなく、このインターフェイスのメソッドを実装するインスタンスの抽象的なデータ型を表しているといえましょう。

リスト4-14 インターフェイスも「型」として宣言

```
type Fraction interface{
    Value() string //(1)

}
```

リスト4-12の「//(1)」が、インターフェイスFractionが与えるメソッドです。
メソッドの名前はもちろん、引数や戻り値も自由に決められます。
しかし、思案のしどころは、複数のデータ型で共通の引数・戻り値を取れるようなメソッドにすることです。

そこで、「Value」は引数を取らず、戻り値を「string型」にしました。
引数に値を取らなくても、メソッドを呼ぶインスタンスのフィールドから値をとり出せます。そして、どんなデータ型でも、関数「fmt.Sprintf」を用いれば文字列にできます。

●インターフェイスを実装する

リスト4-13に定義した2つのカスタムなデータ型が、リスト4-14のインターフェイスFractionに定義したメソッドValueと同じ名前・引数・戻り値のメソッドを実装するように書きます。（リスト4-15）

リスト4-15 データ型Halfとfullがそれぞれ実装するメソッドValue

```
func(h Half)Value()string{
    return fmt.Sprintf("%.1f", float64(h))//(1)
}

func(f Full)Value()string{
    return fmt.Sprintf("%d", int(f)) //(2)
}
```

リスト4-15で引数「h, f」が受け取る値はそれぞれ「Half, Full」ですが、出力に際してはそれぞれ強制的に「float64, int」に型変換します。
図4-11で構造を確認しておきましょう。

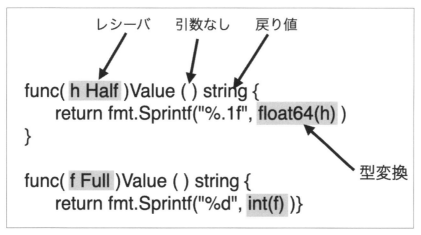

図4-11　データ型HalfとfullがそれぞれメソッドValueを実装する構造

リスト4-15と図4-11で分かるように、2つのメソッドではそれぞれのデータ型に応じて「"2.5"」「"3"」などの「文字列」を戻します。

●実装したメソッドを用いる

リスト4-15のメソッドを用いてみましょう。

まず、「function.go」にリスト4-16のような関数「ShowFractions」の定義を記述します。引数に注目してください。

リスト4-16　「functions.go」に記述する関数「ShowFractions」の定義

```go
func ShowFractions(fractions[]data.Fraction)string{ //(1)
    s_string := "スケール的には¥n"

    for _, v := range fractions{
        s_string += fmt.Sprintf("%s倍か", v.Value()) //(2)
        s_string += "¥n"
    }

    s_string += "というところでしょうか¥n"
    return s_string
}
```

リスト4-16では、関数「ShowFractions」の引数のデータ型は「data.Fraction」を要素にもつスライスになっています。

これは、「インターフェイスdata.Fractionのメソッドの実装が呼べるデータ型」、つまり、「Half型」と「Full型」を意味します。

そのメソッド「Value」は「//(2)」で、引数「fractions」の各要素を受け取った「v」によって呼ばれています。

●抽象化されたデータ型は同じ配列(スライス)の要素にできる

最終的に「trueserver.go」の関数「with_methods」の中で**リスト4-16**の関数「ShowFractions」を呼びましょう。

まず、**リスト4-17**のような配列fractionsを定義します。

リスト4-17　Fraction型の要素をもつスライスfractionsの実際

```
fmt.Fprintln(writer, "¥n***インターフェイスの練習***")

fractions := []data.Fraction{
    data.Half(1.5), data.Full(2), data.Half(2.5),
    data.Full(3), data.Half(3.5)  , //閉じカッコが次の行なのでカンマ必要
}
```

これで、「なぜインターフェイスを用いるのか」という謎はすべて解けたのではないでしょうか。(**図4-12**)

まず、カスタムなデータ型「Half」と「Full」のインスタンスは、ビルトインのデータ型のそれぞれ「型変換」によって作成できます。

たとえば、最初の要素data.Half(1.5)では、「1.5」というfloat64型のデータを「data.Half」に型変換しています。

「trueserver.go」の関数「with_methods」の中では、**リスト4-17**に続けて**リスト4-18**のように、関数「functions.ShowFractions」の引数にfractionsを渡すだけですみます。

リスト4-18　インターフェイスの最初の練習に必要な最後の表記

```
fmt.Fprintln(writer, functions.ShowFractions(fractions))
```

ファイルをすべて保存してから「trueserver.go」を再ビルドし、「trueserver.exe」を実行します。

ブラウザで**図4-10**に示したのURL「with_methods」にアクセスします。
図4-10を表示したブラウザが開いていたら、再読込すれば済みます。

インターフェイスの説明の始めに示した**図4-11**が、その通りに表示されたら成功です。

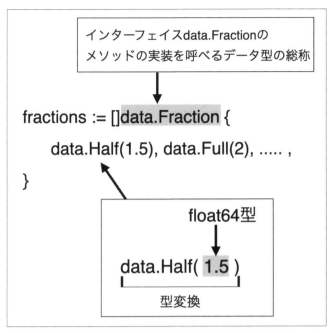

図4-12　Half型とFull型をFraction型として同じスライスに置けた

■もう少しもっともらしいインターフェイスの使い方

●文字数または桁数を数える

　上記の例は「インターフェイス」の使い方を簡単な例で理解するために、鉈で豆腐を切るような処理でした。

　もう少し使えそうなインターフェイスの使い方として、「文字列については文字数を、整数については桁数を」数えるカウンターを考えましょう。

　「data.go」に、インターフェイス「Counter」と、最終的にデータ型「Counter」で統一する目的の二つの構造体CharCounterとDigitCounterを作成します。（リスト4-19）

リスト4-19　インターフェイス「Counter」と、データ型「Counter」でまとめたい2つの構造体

```
type Counter interface{
    DoCount()string
}

type CharCounter struct{
    Content string
}

type DigitCounter struct{
    Content int
}
```

「data.go」に、さらに「CharCouter」と「DigitCounter」のインスタンスがそれぞれ呼ぶメソッド「DoCount」を定義します。

インターフェイス「Counter」のメソッド「DoCount」の実装なので、引数はなし、戻り値はstringにしなければなりません。

まず、「CharCounter」のメソッド「DoCount」は、**リスト4-20**の通りです。

リスト4-20　「CharCounter」が呼ぶメソッド「DoCount」

```go
func(counter CharCounter)DoCount()string{

    content := counter.Content //(1)処理する値を取り出す
    s_string := fmt.Sprintf("「%s」は ", content) //(2)まず、内容を表示

    //(3)文字列を Unicode 記号の配列に変換する
    s_string += fmt.Sprintf("%d文字です", len([]rune(content)))

    return s_string
}
```

リスト4-20のメソッド「DoCount」では、文字数を数えるべき文字列を引数に取りません。その文字列は、CharCounter インスタンスのフィールド Content にもたせておき、「//(1)」で取り出します。「//(2)」でどんな文字列の文字数を数えたのか明示します。

なお、「//(3)」で始まるコメントにご注意ください。文字列の文字数を数えるには、文字列を1つ1つの「文字」の配列（スライス）に変換します。

「文字」型としては「キャラクタ型」という名前の型が一般的ですが、Goには「キャラクタ型」はありません。

最近は英数字も日本語のような「マルチバイト系」文字も、「ユニコード型」が一般的だからです。

そこで、Goでは文字をユニコード記号に対応させる「rune」というデータ型を用います。「ルーン」は古代文字で、「謎の文字」としてファンタジーなどでよく使われている文字の名前です。

たしかに、ユニコードの記号は我々には謎ですね。

このスライスの長さを求める関数lenで、日本語にしろ英語にしろ、文字数をカウントできます。

「IntCounter」のメソッド「DoCount」は**リスト4-21**の通りです。

「CharCounter」のメソッドと基本的には変わりません。

桁数を数える整数を「IntCounter」のインスタンスのフィールド Content に持たせておいて取り出します。違うところは、fmt.Sprintfを用いて整数を「数字を羅列した文字列」に変換する処理です。説明文字列も違います。

リスト4-21　IntCounterが呼ぶメソッド「DoCount」

```
func(counter DigitCounter)DoCount()string{
    content := counter.Content
    content_str := fmt.Sprintf("%d", content) //(1)整数を文字列に変換
    s_string := fmt.Sprintf("「%d」は", content) //(2)なんの桁数か明示

    s_string += fmt.Sprintf("%d桁です", len([]rune(content_str)))
    return s_string
}
```

　このあとの処理は、リスト4-17～4-18と同じ考え方です。

　「functions.go」に、リスト4-22の関数CountAllを定義します。引数には、Counter
型の要素からなるスライス「counters」を取ります。

　このスライスでは、「CharCounter」と「IntCounter」を要素にできます。

リスト4-22　「functions.go」に定義する関数CountAll

```
func CountAll(counters []data.Counter)string{

    s_string :="<<data.Counterインターフェイス>>¥n"

    for _, v := range counters{
        s_string += v.DoCount()
        s_string += "¥n"
    }

    return s_string
}
```

　最後に「trueserver.go」の関数「with_methods」に追記します。

　まず、要素のデータ型が「data.Counter」のスライス「counters」を用意します。（リス
ト4-23）

　「//(1)」で記した箇所に注意してください。

　今度は要素が「構造体」なので、構造体に与えるフィールドは「波括弧{}」で与えます。
文字列を扱う要素と整数を扱う要素を同じスライスに置けるというのは、VSCode上の
見栄えも結構ゴージャスな感じがしませんか。

リスト4-23　「trueserver.go」の関数「with_methods」に追記

```
fmt.Fprintln(writer, "¥n***もっとそれらしいインターフェイス***")
counters := []data.Counter{
    data.CharCounter{"Let's count!"}, //(1)
    data.CharCounter{"一二三四五六七八九"},
    data.DigitCounter{2500},
    data.DigitCounter{1963061},
    data.CharCounter{"以上！"}, //閉じ括弧の前で改行するのでカンマ
}
```

111

```
fmt.Fprintln(writer, "\n***もっとそれらしいインターフェイス***")
counters := []data.Counter{
    data.CharCounter{"Let's count!"},
    data.CharCounter{"一二三四五六七八九"},
    data.DigitCounter{2500},
    data.DigitCounter{1963061},
    data.CharCounter{"以上!"},
}
```

図4-13　VSCode上でもゴージャスなことをしているように見える

最後に、リスト4-24をリスト4-23に続けて書きます。
関数「functions.CountAll」の引数に「counters」を渡した結果の表示です。

リスト4-24　関数funcions.CountAllの引数にcountersを渡した結果を表示

```
fmt.Fprintln(writer, functions.CountAll(counters))
```

ファイルをすべて保存して、「trueserver.go」を再ビルドし、「trueserver.exe」を実行
します。

ブラウザでURL「with_methods」にアクセスします。
図4-10や図4-11を表示したブラウザが開いていたら、再読込します。
追記した部分が図4-14のように表示されたら成功です。

```
***もっとそれらしいインターフェイス***
<<data.Counterインターフェイス>>
 「Let's count!」は12文字です
 「一二三四五六七八九」は9文字です
 「2500」は4桁です
 「1963061」は7桁です
 「以上!」は3文字です
```

図4-14　文字列の文字数や整数の桁数を数えて表示

■ポインタレシーバもインターフェイスの実装を呼べる

●メソッドを複数与えるインターフェイス

　メソッドといえば、「ポインタレシーバ」もメソッドを呼べることをリスト4-5〜4-8で実践しました。

　この形でインターフェイスを実装することもできます。

　ファイルの中身を読み込んで表示する「リーダー」の機能をプログラミングではよく使います。

　これを模した「MockReader」というインターフェイスを「data.go」に定義します。（リスト4-25）

リスト4-25　何かを読み込んで記憶しておく機能を模した「MockReader」インターフェイス

```
type MockReader interface{
    Read(content string) //(1)
    Write() string //(2)
}
```

　なんと、メソッドとして「Read」と「Write」の2つを与えるインターフェイスです。

　このインターフェイスを実装するデータ型は、与えられている2つのメソッドを、2つとも実装しなければなりません。

　そうでないと、「MockReader型」と見なしてもらえないのです。

　リスト4-25の「//(1)」に示したメソッド「Read」のほうは、引数が文字列で、戻り値はありません。

「//(2)」に示したメソッド「Write」のほうは、引数がなく、戻り値が文字列です。

　このことに気をつけながら、まずリスト4-26に示す「StringReader」と「IntReader」をそれぞれ、「data.go」に定義します。

リスト4-26　これからMockReaderを実装したい2つの構造体

```
type StringReader struct{
    Memory string //(1)
}

type IntReader struct{
    Memory []int //(2)
}
```

　リスト4-26「//(1)」に示す「StringReader」のフィールドMemoryが文字列なのは変わり映えなくてすみませんが、「//(2)」に示す「IntReader」のフィールドMemoryは整数のスライスです。

113

●ポインタレシーバを用いたメソッドを定義

では、「StringReader」のポインタレシーバを用いたメソッド「Read」を定義します。(リスト4-27)

リスト4-27　StringReaderのポインタレシーバを用いる

```
func(reader *StringReader)Read(content string){
    reader.Memory += content
    reader.Memory +="¥n"
}
```

中身は簡単ですが、「StringReader」のアドレスからたどった本体のフィールドMemoryの既存の値に、引数として渡されたcontentの値を加えます。

戻り値はないため、本体の直接書き換えです。

●数字の文字列を数値に変換するには?

「IntReader」についても、ポインタレシーバを用いたメソッド「Read」を定義します。

しかし、読み込む対象は「content」であり文字列です。

これが、インターフェイスReaderが与えたメソッドの定義に従うためとすると、文字列を数値に変換しなければなりません。

文字列を数値に変換する関数は、Goの標準パッケージ「strconv」にある「Atoi()」という関数です。

これについては、Goのマニュアルなどを参照してください。

ただし、この関数は、数値に変換できない文字列を与えるとエラーになります。

それがイヤなので、**リスト4-28**では文字列を1文字(正確には1バイト)ずつ解析して、0から9までの文字列に一致するものだけをフィールドMemoryの要素に加えていく方法をとっています。一致しない文字列は無視です。

リスト4-28　「IntReader」のポインタレシーバを用いたメソッド「Read」。文字列を数値に変換する工夫もしてある

```
func(reader *IntReader)Read(content string){
    digits:="0123456789"//(1)
    for _, v := range content{ //(2)
        for i, s := range digits{ //(3)
            if v == s{ //(4)
                reader.Memory = append(reader.Memory, i)
            }
        }
    }
}
```

リスト4-28の「//(1)」で変数「digits」に渡したのは0から9の数字を一気に与える文字

列です。

{"0", "1", "2",....}という、10個の要素からなる配列にしてもよいのですが、1つの文字列にまとめてしまいました。

文字列に対して「range」というキーワードでループを作成すると、文字列がユニコードの「1バイト」分の記号に分解されて取り出されます。

「//(2)」のループで、contentの文字列のうち1バイトで表わしきれない文字列は数値に直せる数字ではないことが明確なので、最初から捨てられます。

1バイトで表しきれる英字や記号は、"0"から"9"までのどれかに相当するかどうか比べられます。

「//(3)」のループでdigitsの値"0123456789"を1つずつの数字に分解しています。

さて、「//(4)」で、contentの文字が0から9までの文字に一致した場合に一工夫しています。

「IntReader」のフィールドMemoryは整数を要素とするスライスです。

そこで、「//(3)」のループではインデックスを使うためにiで受けています。

値はいつもの通り、「v」で受けています。

「//(3)」は"0123456789"を分解しているので、「文字0」は「インデックス0」に、「文字9」は「インデックス9」に相当します。

インデックスは整数ですから、値ではなくインデックスをMemoryの要素に追加すれば、値をさらに変換する必要がありません。

複雑な内容でしたが、図4-15の通りです。

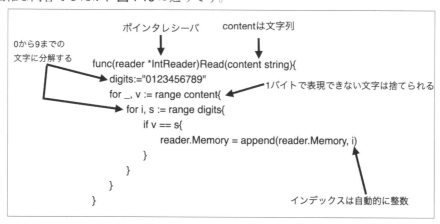

図4-15　IntReaderのポインタレシーバを用いたメソッドReadの仕組みはちょっと複雑

●ポインタレシーバでも値レシーバでも実装は実装

一方で、インターフェイスMockWriterが与えるメソッド「Write」の実装を考えます。

「Write」はデータを書き出すだけなので、「コピー」で与えられるインスタンスで構いません。

「Read」ではポインタレシーバ、「Write」では値のレシーバを用いますが、それでも「実装した」と認められます。

「StringReader」と「IntReader」がそれぞれ値のレシーバで実装するメソッド「Write」を引き続き定義します。

リスト4-29　StringReaderとIntReaderがそれぞれ実装するメソッドWrite。どちらも値レシーバ。

```go
func (reader StringReader)Write()string{ //(1)
    s_string := "StringReaderインスタンスの中身は¥n"
    s_string += "「"
    s_string += reader.Memory //(2)
    s_string += "」"
    return s_string
}

func (reader IntReader)Write()string{
    s_string := "IntReaderインスタンスの中身は¥n"
    s_string += "["
    for _, v := range reader.Memory{ //(3)
        s_string += fmt.Sprintf("%d ", v )
    }
    s_string += "]"
    return s_string
}
```

リスト4-29の「//(1)」を見てください。

「StringReader」のインスタンスそのものが呼ぶメソッド、つまり値レシーバを用いています。

「IntReader」の「Write」メソッドも同じです。

「StringReader」ではフィールドMemoryは改行記号を含む長い文字列なので、「//(2)」に示すようにこれをそのままバンと出して、前後にカギ括弧の文字列などを与えればすみます。

「IntReader」ではMemoryは整数を要素とするスライスなので、1つずつカンマ区切りで並べた文字列にまとめて出力します。

せっかく整数に変換した要素を結局文字列として出力するのですが、このあとほかのメソッドで整数らしさを演出します。

●MockReader型として変数に渡す

さて、「StringReader」と「IntReader」を使ってみましょう。

今度は、文字列を少しずつ読み込んで行くので、「trueserver.go」から直接使うことにします。関数「with_methods」に続けて書いていきます。

まず、変数「reader」にMockReader型としてインスタンスを渡します。

StringReaderのインスタンスから始めましょう。(リスト4-30)

リスト4-30 「trueserver.go」の関数「with_methods」中で、変数readerを宣言

```
fmt.Fprintln(writer, "¥n***ポインタもインターフェイスを実装できる***")

var reader data.MockReader
```

リスト4-30では、変数「reader」の型だけを宣言しています。

「var」というキーワードで変数であることを示し、型が「data.MockReader」です。

「data.StringReader」ではなく「data.MockReader」で宣言したのは、あとでこの変数「reader」に「data.IntReader」の値も渡すからです。

Goでは、一度型宣言した変数にほかの型の値は渡せませんが、型をインターフェイスに指定すれば、それを実装するデータ型は共通に渡せるということを示す例です。

●型にインターフェイスを指定した変数の挙動

この変数「reader」が「StringReader」のメソッド「Read」を使うことにより、文字列をいくつか詠み溜めていきますが、リスト4-31を見て「おや?」と思うのではないでしょうか。

リスト4-31 readerがStringReaderのメソッドReadを呼び出す

```
reader = &data.StringReader{} //(1)
reader.Read("2023年1月1日")
reader.Read("Goのインターフェイスを学習した")
reader.Read("難しかった")
```

さきほど、「変数に型を指定したら、ほかの型は渡せない」と書いたばかりですが、「reader」を「MockReader型」に指定したあと、ちゃっかり「StringReader」のインスタンスの「アドレス」を渡しています。

しかし、渡した型が「インターフェイス」であることにマジックがあります。

インターフェイスMockReaderの与えるメソッド「Read」は「StringReader」のポインタレシーバを用いて定義しています(リスト4-27)。

そのため、「reader」に「Read」を呼び出すために「StringReader」のアドレスを渡しましたが、これは許されます。

ただし、このあと**リスト4-36~4-37**でわかるように、アドレスからたどりつくデータの型情報はMockRea

さらに、メソッド「Write」については**リスト4-32**のように続けて書けます。

リスト4-32 リスト4-28の同じ変数readerで呼び出せる

```
fmt.Fprintln(writer, reader.Write())
```

「Write」は値レシーバを用いて定義しましたが、「StringReader」のインスタンスのアドレスを渡したはずの「reader」で呼び出しても、値レシーバと解釈して呼んでくれます。これを「簡便記法」と言います。

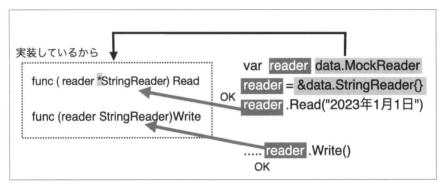

図4-16 インターフェイス実装とレシーバ使用でこれだけ緩くなる

これに続けて、同じ変数を「IntReader」のインスタンスのアドレスで置き換えて、「IntReader」で実装した「Read」と「Write」のメソッドを使ってみましょう。
リスト4-32に続けて、**リスト4-33**を書きます。

リスト4-33 変数readerにIntReaderのインスタンスのアドレスを渡す

```
reader = &data.IntReader{}
reader.Read("21")
reader.Read("abc")  //読み飛ばされる
reader.Read("75")
reader.Read("へ3")  //一部読み飛ばされる
fmt.Fprintln(writer, reader.Write())
```

リスト4-30では、数字だけの文字列のほか、文字だったり、一部文字だったりする文字列もIntReaderに読ませています。

ファイルをすべて保存してから、「trueserver.go」を再ビルドし、「trueserver.exe」を実行します。

ブラウザで本節でずっと使っているURL「with_methods」にアクセスします。
図4-14などを表示したブラウザが開いていたら、再読込すればすみます。

追記した部分が**図4-17**のように表示されることを確認してください。

```
***ポインタもインターフェイスを実装できる***
StringReaderインスタンスの中身は
「2023年1月1日
Goのインターフェイスを学習した
難しかった
」
IntReaderインスタンスの中身は
[2 1 7 5 3]
```

図4-17　ポインタレシーバと値レシーバでそれぞれインターフェイスを実装したメソッドの使用

図4-17で、StringReader では読み込んだ文字列がとにかく追加される一方、IntReader では読み込んだ文字列のうち「abc」や「へ」の部分は読み飛ばされて、数字だけが追加されているのが分かります。

■インターフェイスで実装していないメソッドを用いる

●IntReaderのフィールドMemoryの整数を操作する

構造体「IntReader」では、文字列から数字を抜き取って、整数の要素としてスライスに読み込みました。

この要素で何か計算をしたいですが、「MockReader」はそのようなメソッドを与えることができません。
それは、「StringReader」が文字列しか扱っていないからです。

そこで、「IntReader」だけに独自のメソッドを定義して、使えないものでしょうか。
たとえば、「data.go」に**リスト4-34**のようなソッド「Reader2Int」を定義します。
このメソッドは**図4-17**で[2 1 7 5 3]と表現されている整数のスライスの要素から、「21753」という整数を作成するものです。

リスト4-34　IntReaderだけに定義したメソッドReader2Int

```
import (
    "fmt"
    "math" //これを追記
)

//data.goのこれまでの記述

func (reader IntReader)Reader2Int()int{
    sum:=0
    memory := reader.Memory
```

```
    lm :=len(memory) //(1)
    for i := 0; i<lm; i++ {
        mag := math.Pow10(lm-i) //(2)
        sum +=memory[i]*int(mag)
    }
    return sum/10 //(3)
}
```

　リスト4-34のメソッド「Reader2Int」では、まず「IntReader」インスタンスのフィールドMemoryの値を取り出して、変数「memory」に渡します。

　これは、毎回「reader.Memory」と書くと煩雑になるからです。

　この変数「memory」を使ってまず要素数を変数「lm」に渡します。(//(1))

　次に、「memory」の要素についてインデックスを使って繰り返して処理します。

　なぜなら、「memory[i]」には、10のlm-i乗を掛けたいからです。

　[2 1 7 5 3]と表現される配列（スライス）であれば、memory[0]である2に1000を掛けて、memory[4]である3には100を掛けたいのですが、memory[i]に対して10のlm-1-i乗を掛けるとすると表記が煩雑になるので、lm-i乗を掛けて最後に全体を10で割っています。(//(3))

　10の累乗を掛けるのにはGoの標準ライブラリ「math」の関数「Pow10」を用いています。

　そのため、**リスト3-41**の上部に示すように、「data.go」でインポートするパッケージに「math」を加えておいてください。

　「Pow10」はfloat64を戻すので、Pow10を用いた値を渡した「mag」は、最後に整数に変換して、sumに加えています。

　以上、メソッド「Reader2Int」の仕組みを**図4-18**に示します。

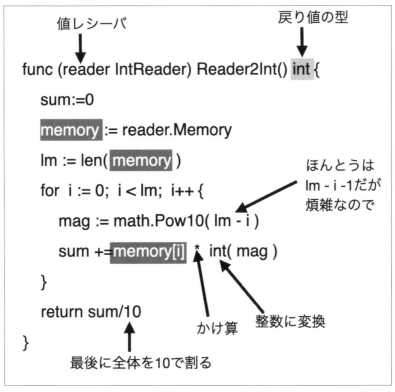

値レシーバ　　　　　　　　　　　戻り値の型

```
func (reader IntReader) Reader2Int() int {
    sum:=0
    memory := reader.Memory
    lm := len( memory )
    for i := 0; i < lm; i++ {
        mag := math.Pow10( lm - i )
        sum += memory[i] * int( mag )
    }
    return sum/10
}
```

ほんとうは
lm - i -1だが
煩雑なので

かけ算　　整数に変換

最後に全体を10で割る

図4-18　メソッドReader2Intの仕組み

出力用に、「function.go」に**リスト4-35**の関数「IntReader2Int」を定義しておきます。

単純に、**リスト4-34**の「data.Reader2Int」の内容を説明つきで出力するだけの関数です。

引数「reader」のデータ型は、「data.IntReader」です。

インターフェイス data.MockReader ではありません。

リスト4-35　「function.go」に定義する関数「IntReader2Int」

```go
func IntReader2Int(reader data.IntReader)string{

    s_string :="IntReaderから構成される整数は¥n"
    s_string += fmt.Sprintf(
        "%d", reader.Reader2Int(),//カンマ必要
    )
    s_string += "¥n"
    return s_string

}
```

●型アサーション

　「IntReader」だけに定義したメソッドは、「readerdata.MockReader」の型で定義してあるため、**リスト4-30～4-33**で用いた変数「reader」には使えません。

　変数「reader」の内容をIntReader型として、別の変数「int_reader」に読み込み直す必要があります

　Goでは「**型アサーション**」と呼ばれる方法でインターフェイスの型情報を与えられている変数のデータから、具体的なデータ情報を抜き出すことができます。

　型アサーションは以下のように書きます。
　変数1と変数2では、内容はまったく同じながら、型情報だけが変更されます。

変数1 := 変数2.(変数1に読ませたい型情報)

　型アサーションは、型変換ではなく型「情報」だけの変換です。
　そのため、整合性のある型情報の変換しかできません。

　たとえば文字列を整数に変換しようとするとエラーになります。
　ですから、インターフェイスの実装として定義したデータ型から、元の型情報を抜き出す専用と考えて用いるのがよいでしょう。

●アドレスが指しているデータの型情報を変換

　まず、「trueserver.go」の関数「with_methods」の中で、**リスト4-35**に続けて**リスト4-36**のように書きます。

リスト4-36　変数readerの内容はそのままに、型情報だけを変換してint_readerに渡す

```
fmt.Fprintln(writer, "¥n***実装しないメソッドを使う***")

int_reader := reader.(*data.IntReader)//(1)
```

　さて、//(1)で変数int_readerには具体的に何が渡されたのでしょうか。
　これが難しいところです。

　リスト4-33で、「reader」には「data.IntReader」インスタンスのアドレスを渡しましたが、「data.MockReader」として定義したので、「data.MockReaderのインスタンスのアドレス」という情報で渡されています。

　ですから、これを「data.IntReaderのアドレス」の型情報に変換して、「int_reader」に渡したのです。

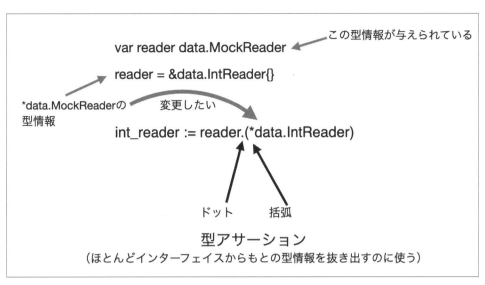

図4-19　data.MockReaderとしてのアドレスから、data.IntReaderとしてのアドレスへ

●**型情報を変換した値を用いる**

このように型情報を変換した「int_reader」を、「function.IntReader2Int」の引数に渡しますが、この引数は「IntReader」のインスタンスの中身です。

一方で、「int_reader」には**リスト4-36**によって、「IntReader」のインスタンスのアドレスが与えられていました。
そこで、**演算子**「*」を使って、中身を渡します。

リスト4-37を、「trueserver.go」の関数「with_methods」の中で、**リスト4-36**に続いて記述してください。

リスト4-37　演算子「*」を使って、int_readerが指している中身を渡す

```
fmt.Fprintln(writer, functions.IntReader2Int(*int_reader))
```

ファイルをすべて保存して、「trueserver.go」を再ビルドし、「trueserver.exe」を実行します。

ブラウザで引き続き URL「with_methods」にアクセスします。
図4-17などを表示したブラウザが開いていたら、再読込すればすみます。追記した部分が**図4-20**のように表示されれば成功です。

> ***実装しないメソッドを使う***
> IntReaderから構成される整数は
> 21753

図4-20　インターフェイスを実装しない独自のメソッドも使える

　インターフェイスはデータ型を抽象化できますが、乱用すると型情報が混乱するおそれがあります。

　本章でのサンプルは、自分でこのようなプログラミングをしましょうと薦めるというより、ライブラリなどほかのプログラムでなぜ型が「インターフェイス」になっているのか、なぜポインタの記号が出たり入ったりするのかなどの不思議を解消するための例として作成しました。

第5章

Goに特有の記法

データ型からスタートして、関数、メソッド、インターフェイスなどプログラムの構造全体につてGoの記法を学んできました。
最後に、「ほかの言語にも同じような機能はあるけれどもGo的に記法が独特」なプログラムをいくつか書いてみましょう。

5-1　　　　繰り返しと条件分岐

　これまで「繰り返し」にはfor、「条件分岐」にはifを使ってきて、だいぶ慣れたと思います。
　加えて、Goのfor文はwhileも兼ね、条件分岐にはswitch-case文もあります。
　そこを押さえておきましょう。

■forでwhile

●「値がある条件を満たす変数について」

　多くのプログラミング言語には、代表的な繰り返し文として「for」（1つ1つ数えながら繰り返す）と「while」（ある条件を満たす間、繰り返す）があります。

　しかし、Goは、「while」というキーワードをもちません。
　for文の条件の書き方で、while文の役目も果たすのです。

　サンプルを作ってみましょう。
　関数を重点的に書くのに用いてきたファイル「functions.go」に、関数「While10」を書きます。（リスト5-1）

リスト5-1　「funcsions.go」に定義する関数「While10」（未完成）

```
func While10(num int)string{
    s_string := fmt.Sprintf("最初は%d¥n", num)
    for num <10{ //(1)
        num++
        s_string += fmt.Sprintf("%d¥n", num)
    }
    return s_string
}
```

リスト5-1で「//(1)」の部分が「while」に相当します。

人のことばで解釈すると「num<10であるnumについてブロック内の処理をしなさい」になるでしょう。

そして、ブロック内は引数「num」が10になるまでnumを1ずつ増やしては、その値を出力するという処理です。

「num++」があるので、「num<10である」という条件はいつか満たされなくなります。

このようにして「while」文の役割を果たすのです。

●if- else文の注意

しかし、**リスト5-1**では不充分です。

numの値が10以上だったらブロック内に入れません。

そこで、numにどんな整数を与えてもいいように、if-else文を組み合わせて完成させます。（**リスト5-2**）

リスト5-2　関数「functions.While10」の完成

```go
func While10(num int)string{
    s_string := fmt.Sprintf("最初は%d\n", num)

    if num <10{ //(1)
        for num <10{
            num++
            s_string += fmt.Sprintf("%d\n", num)
        }
    }else if num >10{//(2)
        for num >10{
            num--
            s_string += fmt.Sprintf("%d\n", num)
        }
    }else{ (//(3)
        s_string +=fmt.Sprintf("今も%d\n", num)
    }
    return s_string
}
```

リスト5-2の「//(1)」「//(2)」「//(3)」のキーワードで流れる if- else 文は、用語としてはオーソドックスなものですが、ちょっと注意があります。

「}」で改行して、次の行頭に「else」が来るようにすると、Goのコンパイラは「突然else が現れた」とエラーを出します。

他の言語では普通にやっていることですし、コンパイラもちょっと考えてくれヨとも思うのですが、コンパイルをスムーズに行うため、あらかじめ注意しておきましょう。

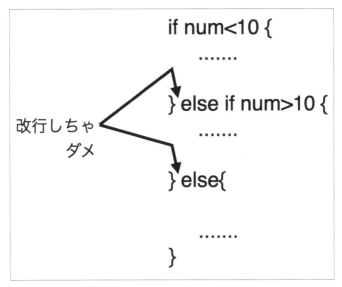

図5-1　閉じ括弧とelseの間で改行しないようにする

ともかく、numの初期値に関わらず最終的に10になるプログラムができたので、さっそく使ってみましょう。

「trueserver.go」に関数「flows」を定義して、その中に「functions.While10」を用いるコードを書きます。

関数「flows」は、ブラウザからURL「flows」で呼び出せるようにします。**リスト5-3**のとおりです。

リスト5-3　「trueserver.go」に定義する関数「flows」と、main関数への追記

```go
func flows(writer http.ResponseWriter,
    req *http.Request){

    fmt.Fprintln(writer, "***while文に相当するfor***")
    fmt.Fprintln(writer, functions.While10(6)) //(1)
    fmt.Fprintln(writer, functions.While10(13)) //(2)
    fmt.Fprintln(writer, functions.While10(10)) //(3)
}


func main(){
    //これまでの記述//
    http.HandleFunc("/flows", flows)
    //これは必ず一番最後に
    http.ListenAndServe(":8090", nil)
}
```

リスト5-3で、「//(1)」はnumが10より小さい時、「//(2)」はnumが10より大きい時、「//(3)」はnumがちょうど10の時、処理の流れを確認します。

　ファイルをすべて保存して、「trueserver.go」を再ビルドし、「trueserver.exe」を実行します。

　ブラウザで下記URLにアクセスして、関数「flows」を呼び出してみましょう。

http://127.0.0.1:8090/flows

ブラウザに図5-2のように表示されれば成功です。

```
***while文に相当するfor***
最初は6
7
8
9
10

最初は13
12
11
10

最初は10
今も10
```

図5-2　最初が6, 13及び10ちょうどのときの、numの変化

■forで無限ループ

●forに条件を書かなければ無限

　Goで無限ループを書くには、「for」だけを書けばすみます。(リスト5-4)

　無限のままでは動作がわからないので、引数で与える最大値に達した時終えるようにしてあります。

　リスト5-4の関数「Forever」を「functions.go」に定義します。

リスト5-4　「functions.go」に定義する関数「Forever」

```go
func Forever(limit int)string{
    i:=0
    for{ //(1)
        i++
        if i > limit{
            return fmt.Sprintf("%dでやめました", i)
        }
    }
}
```

ほとんど説明することもないと思いますが、「//(1)」に示すように、forのあとに何の条件もつけずブロックを書けば無限ループになります。

「trueserver.go」に定義した関数「flow」の中に、続けて**リスト5-5**を書きます。

リスト5-5 「trueserver.go」の関数「flow」の中でfunctions.Foreverを用いる

```
fmt.Fprintln(writer, "¥n***forを用いた無限ループ***")
fmt.Fprintln(writer, functions.Forever(3))
fmt.Fprintln(writer, functions.Forever(10000))
```

ファイルをすべて保存して、「trueserver.go」を再ビルドし、「trueserver.exe」を実行します。

ブラウザでURL「flows」にアクセスします。
ブラウザで**図5-2**の画面を出したままであれば、ブラウザを再読込みします。

リスト5-4〜5-5の追加分が、**図5-3**のように表示されれば成功です。
リスト5-4で引数に「3」を渡したときは、3より大きい整数「4」で処理が終わり、「10000」を渡したときは、それより大きい「10001」で終わっています。

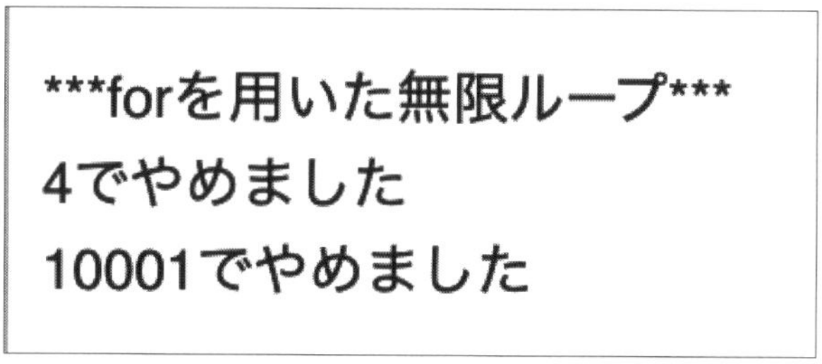

> ***forを用いた無限ループ***
> 4でやめました
> 10001でやめました

図5-3 関数functions.Foreverの実行例2件

■switch-case文

●オーソドックスな書き方

条件が複数ある場合は、「if-else」文を繰り返すより、「switch-case」文を使ったほうが、コードがスッキリします。

switchの宣言の後の全体を波括弧で囲めば、case文の記述は「:」だけでいいので、波括弧が増えません。
さっそく、そのオーソドックスな書き方の例として、**リスト5-6**のように関数「Div3」を「functions.go」に定義しましょう。
かなり条件分岐がくどいですが、波括弧はswitchのあとの1つで済んでいます。

リスト5-6 「functions.go」に定義する関数「Div3」。ちょっと足りない

```go
func Div3(num int)string{
    s_string := "3は"
    switch num{ //(1)
        case 0: //(2)
            s_string += "0では割れません"
        case 1:
            s_string += "1で割る意味はあまりない"
        case 2:
            s_string += "2で割ると1と1/2"
        case 3:
            s_string += "3で割るとちょうど1"
        default:
            s_string += fmt.Sprintf("%dで割ると3/%d", num,num)//(3)
    }
    return s_string
}
```

　リスト5-6の関数「Div3」は、引数に加えた数で3を割った結果を説明するものです。
　「//(1)」で「numについてswitchする」と宣言しているので、「//(2)」で「case 0」とは「numが0の時」という意味であり、以下も同様です。

　この条件分岐のコンセプトは以下の表の通りです。
　ただし、numは「正」とします。

numの値	分岐する理由
0	0では割れないから
1	1で割るのは人の感覚としてヘン
2	3「を」割って「帯分数」になるのは2だけ
3	ちょうど1になる
それ以外	必ず分母が分子より大きい「真分数」になる

　「case」文の練習なので、これで完成ということにしていいのですが、算数的には「3/6」のような分数は約分したいです。
　そこで、リスト5-6の「//(3)」の処理をリスト5-7のようにすると、コードが複雑になる代わりに、もっとスッキリした結果になります。

リスト5-7　関数「Div3」のdefaultの処理を改良

```go
default:
    if num%3==0 {
        s_string += fmt.Sprintf("%dで割ると1/%d", num,num/3)
    }else{
        s_string += fmt.Sprintf("%dで割ると3/%d", num,num)
    }
```

　リスト5-6～5-7の関数「functions.Div3」を用いるには、「trueserver.go」の関数「flows」の中に、これまでの記述に続けて**リスト5-8**を記述します。

リスト5-8 「trueserver.go」の関数「flows」の中で「functions.Div3」を用いる

```
fmt.Fprintln(writer, "¥n***Switch文***")
for i:=0; i<7; i++{ //(1)
    fmt.Fprintln(writer, functions.Div3(i))
}
```

ファイルをすべて保存し、「trueserver.go」を再ビルドし、「trueserver.exe」を実行します。

ブラウザでURL「flows」にアクセスします。
図5-3の画面を出したままであれば、ブラウザを再読込みすればすみます。

リスト5-6～5-8の追加分が**図5-4**のように表示されれば成功です。
リスト5-8の繰り返しで「i」に渡した変数は、関数「functions.Div3」で抜き出した条件を全部含んでいるので。結果を確認してください。

```
***Switch文***
3は0では割れません
3は1で割る意味はあまりない
3は2で割ると1と1/2
3は3で割るとちょうど1
3は4で割ると3/4
3は5で割ると3/5
3は6で割ると1/2
```

図5-4 3を整数で割る時のいろいろな配慮を表現できた

●case条件の自由な表現

「case」で定める条件を値だけでなく、式を含む自由な表現で記述できます。
その例として、今度はいろいろな整数を「3で割る」ことを考えましょう。
関数名は「DivBy3」です。
リスト5-6～5-7の関数「Div3」と比べて、関数「DivBy3」の引数「num」は、以下のようなコンセプトをもちます。

num	分岐する理由
負の数	計算はできるが、人の感覚としてヘン
0	計算はできるが、人の感覚としてヘン
1,2	それぞれ、1/3、2/3とストレートに書ける
3	ちょうど1になる
それ以上	帯分数になる

なお、分数を「帯分数」に変更するには、以下の計算をします。

---

numを3で割った余りを「m」とすると、

整数部分は $\dfrac{(num-m)}{3}$

分数部分は $\dfrac{m}{3}$

そこで、上記表の最後の行を、さらに以下のように分岐させます。

num	分岐する理由	
3以上	余り==0	整数になる
	余り＞0	帯分数になる

以上を踏まえて、「functions.go」に**リスト5-9**の関数DivBy3を定義します。

リスト5-9　「functions.go」に定義する関数DivBy3

```
func DivBy3(num int)string{
    s_string := fmt.Sprintf("%dを3で割る", num)
    m := num%3 //(1)
    switch { //(2)
        case num <1://(3)
            s_string += "のは考えない"
        case num< 3: //(4)
            s_string += fmt.Sprintf("と%d/3", num)
        case m==0: //(5)
            s_string += fmt.Sprintf("と%d", num/3)
        default:
            s_string += fmt.Sprintf("と%dと%d/3", (num-m)/3, m)
    }
    return s_string
}
```

リスト5-9には重要な点がたくさんあります。

「//(1)」では、整数で割った余りを演算子「%」で計算します。
これは、他のプログラミング言語と同じです。

「//(2)」では、switchのあとに変数を指定しません。
つまり、以下のcaseに書く条件は、1つの変数の値に限られません。

「//(3)」と「//(4)」は変数「num」の条件ですが、numの値ではなく、範囲を記述しています。
整数なので、値は離散的です。

「//(3)」はnumが「0か負の数」です。

「//(4)」の条件自体は「3より小さい」ですが、すでに「//(3)」で0と負の数が捉えられているので、捉えられるnumは「1か2」です。

「//(5)」は、「//(3)」および「//(4)」と別の変数「m」についての条件です。
「m==0」の条件を満たすnumの最小値は3なので、「//(4)」の次に「//(5)」を置く順番ですべての整数条件を捉えられます。

リスト5-9の関数「functions.DivBy3」を用いるには、「trueserver.go」の関数「flows」の中に、これまでの記述に続けて**リスト5-10**を記述します。

リスト5-10　「trueserver.go」の関数「flows」の中で「functions.DivBy3」を用いる

```
fmt.Fprintln(writer, "\n*** 多様な条件のSwitch文***")
    for i:=0; i<10; i++{
        fmt.Fprintln(writer, functions.DivBy3(i))
}
```

ファイルをすべて保存し、「trueserver.go」を再ビルドし、「trueserver.exe」を実行します。

ブラウザでURL「flows」にアクセスします。
図5-4の画面を出したままであれば、ブラウザを再読込みすればすみます。

リスト5-9〜5-10の追加分が**図5-4**のように表示されれば成功です。
1以上の整数と分数を組み合わせた帯分数の表示もできているのを確認してください。

```
***多様な条件のSwitch文***
0を3で割るのは考えない
1を3で割ると1/3
2を3で割ると2/3
3を3で割ると1
4を3で割ると1と1/3
5を3で割ると1と2/3
6を3で割ると2
7を3で割ると2と1/3
8を3で割ると2と2/3
9を3で割ると3
```

図5-5　リスト5-9と5-10を追加した分の表示

Goのif文やswitch-case文には他にも記法がありますが、ここまで紹介した書き方の省略形なので、実践は省略します。

型を特定しない関数や構造体の書き方「ジェネリック」は、「Go 1.18」で導入された記法です。

定義は面倒ですが、使用するときは複数のデータ型で使える強みがあります。

■ジェネリックとは

●静的型付けだけど型を特定しない

ジェネリックとは、静的型付けを規則とするプログラミング言語の中でも、複数の型で同じ関数やメソッドを使ったり、または構造体のような複合型を構築したりできる仕組みです。

「ジェネリック」という意味そのものは「総じて扱う」「特定しない」というような意味です。

解説などでジェネリックな定義での型指定を「ジェネリック型」と呼ぶことがありますが、同名の特別なデータ型があるわけではないので、本書では「型指定をジェネリックにする」という表現をします。

●引数の型をジェネリックにする

ズバリ、コード例を挙げましょう。

リスト5-11の関数「RemoveByIndex」は、引数の型をジェネリックにする関数です。「functions.go」に定義しましょう。

リスト5-11　「functions.go」に定義する関数「RemoveByIndex」

```go
func RemoveByIndex[T any](sl []T, indx int)([]T, string){ //(1)

    s_string := fmt.Sprintf("インデックスが%dの要素を除きます",indx)

    rest := []T{}) //(2)

    for i, v := range sl{
        if i !=indx{
            rest = append(rest, v)
        }
    }

    return rest, s_string //(3)
}
```

リスト5-11の「//(1)」と「//(2)」がジェネリックな型指定の部分です。

「//(3)」の戻り値のうち、「s_string」はただ処理の結果を文字列化して返すだけなので、これまでと同じです。型指定がジェネリックである変数は「rest」のほうです。

●なぜジェネリックにしたいのか

ジェネリックを使いたくなる一番の用途は、配列やスライスのインデックスだけを操作したい場合です。

リスト5-11の関数「RemoveByIndex」は、スライスの任意のインデックスの要素を除去する関数です。(配列でも同じだが、スライスのほうが、定義が簡単)
最初の要素、最後の要素、3番目の要素…などと選べるようにします。

それには、関数の引数に処理対象のスライスと、インデックスとを指定するのですが、スライスの場合要素のデータ型に合わせて「[]string」「[]int」などと指定しなければなりません。

しかし、処理自体は整数であるインデックスにのみ依存します。(図5-6)

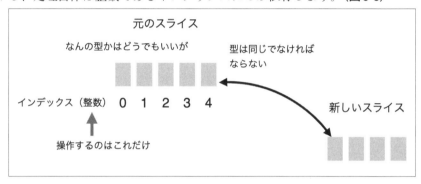

図5-6　スライスには型の指定が必要だが、操作するのはインデックス(整数)だけ

そこでスライスのデータ型のほうは「[]T」で表現するのです。
しかし、ジェネリックであるとする型指定に文字「T」を使うのは規則ではありません。
そのため、[T any]という表記をして、「Tはいかなる型でもよい」とします。

ただし、「stringやintを混ぜて使える」というのではなく、「使用時にTをstringにする」のであれば、リスト5-11の「//(2)」のように処理中にTを置いたところは「string」になります。
「//(2)」は戻り値となるスライスを作る箇所で、作成時の型指定を「T」にしています。(図5-7~5-8)

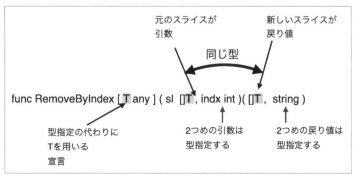

図5-7　スライスの型指定をジェネリックにする関数の宣言

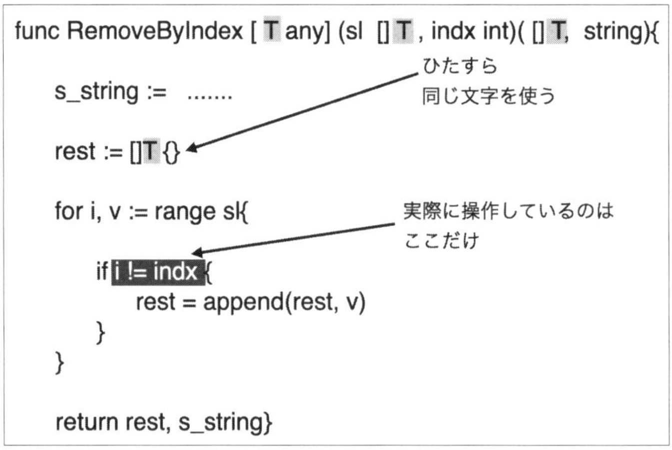

```
func RemoveByIndex [ T any] (sl  [] T , indx int)( [] T,  string){

    s_string :=   .......

    rest := []T {}

    for i, v := range sl{

        if i != indx {
            rest = append(rest, v)
        }
    }

    return rest, s_string}
```

ひたすら
同じ文字を使う

実際に操作しているのは
ここだけ

図5-8　型指定ジェネリックで宣言した戻り値を処理の中で作成

●ジェネリックな型指定の引数に値を渡す

リスト5-11の関数「RemoveByIndex」に、int型の要素をもつスライスと、string型の要素をもつスライスをそれぞれ渡して、動作するかどうか試してみましょう。

「trueserver.go」に関数「generics」を定義して、その中にfunctions.RemoveByIndexを用いるコードを書きます。

関数「generics」は、ブラウザからURL「generics」で呼び出せるようにします。（リスト5-12）

リスト5-12　「trueserver.go」に定義する関数「generics」と、main関数への追記

```go
func generics(writer http.ResponseWriter, req *http.Request){
    //引数に渡してみる2種類のスライス
    sl_int :=[]int{0,1,2,3,4}
    sl_str := []string{"花","鳥","風","月","猫", "蛙", "春"}

    fmt.Fprintln(writer, sl_int)
    fmt.Fprintln(writer, sl_str)

    fmt.Fprintln(writer, "¥n***ジェネリック***")

    //インデックス3の要素を除去する
    sl_3_int, g_str := functions.RemoveByIndex(sl_int, 3)
    fmt.Fprintln(writer, g_str)
    fmt.Fprintln(writer, sl_3_int)

    //インデックス0の要素を除去する
    sl_0_str, g_str := functions.RemoveByIndex(sl_str, 0)
    fmt.Fprintln(writer, g_str)
    fmt.Fprintln(writer, sl_0_str)
}
```

```
func main(){
    //これまでの記述//
    http.HandleFunc("/generics", generics)
    //これは必ず一番最後に
    http.ListenAndServe(":8090", nil)
}
```

リスト5-12はただスライスのサンプルを用意して、関数functions.RemoveByIndex
に渡すだけなので、特に注意を喚起する箇所もないと思います。
　型指定をジェネリックにする関数の定義はわりと面倒でしたが、関数の使用そのもの
は簡単でしたね。

　ファイルをすべて保存して、「trueserver.go」を再ビルドし、「trueserver.exe」を実行
します。
　ブラウザから、以下のURLにアクセスします。

http://127.0.0.1:8090/generics

　ブラウザで、**図5-9**のように表示されれば成功です。

[0 1 2 3 4]
[花 鳥 風 月 猫 蛙 春]

ジェネリック
インデックスが3の要素を除きます
[0 1 2 4]
インデックスが0の要素を除きます
[鳥 風 月 猫 蛙 春]

図5-9　関数RemoveByIndesを使用した結果

●無理に使うことはない

　ジェネリックな型指定は、最近のバージョンGo1.18になって出てきましたが、「いろ
いろな型に使える1つの関数や複合データ」を定義しなければならない事例はそれほど
はないでしょう。

　第4章のインターフェイスを用いれば、複数のデータ型に共通のメソッドを定義したり、
データ型を抽象化したりできるのを体験しました。
　同時に、複数のデータ型に共通と宣言しながら、どれかのデータ型に合わない処理を
記すとエラーになる煩雑さもあります。
　ジェネリックな記法を、無理に使っていく必要はないと思います。
　そのため、本書ではジェネリックな記法の実践はこのへんにしておきます。

137

5-3 並行処理

Goには同じ目的のために複数の関数を並行して実行する方法が備わっています。

その命令は「go」。学習環境で並行処理の必要性を実感するのは難しいですが、意図的に処理を送らせて、「書かれた順には出ないこともある」のを確かめてみましょう。

■Goroutine

●Goroutineとは

「Goroutine」(ゴルーチン)は、近代の文豪のような響きです。

並行処理の1つである「コルーチン」(Co-routine)を匂わせる名前ですが、Goのチュートリアルによると、コルーチン、スレッド、プロセスなど既存の用語では仕組みを正確に表わせないので独自の命名をしたそうです。

なお、「ルーチン」とは、一組の処理のことで、関数の呼び出しや、繰り返し処理の開始から終了までなどです。

●なぜ並行処理が必要なのか

1つの目的をコンピュータで果たすには、周辺機器への多くの読み書きや、膨大な計算をしながらも、ログ記録、ユーザーへのメッセージの表示など、他の簡単な処理も必要な場合があります。

そのとき、同じハードウェアとりわけCPUを複数の処理が譲り合いながら進めていくのが「並行処理」です。

「並行処理」を「並列処理」と混同しないように...と、よく言われます。違いを確認しましょう。

典型的な例で考えると、並列処理は1つの膨大な計算を複数のCPUで分け合いながら行なっていくものです。

一方で、並行処理は1つのCPUを膨大な計算や軽量な処理などで分け合いながら進めて行きます。

制御の方法も、並列処理では大きな処理を小さく振り分けるコントローラーがあるのに対し、並行処理では、大きな処理も小さな処理も1つの管理プログラムの中にあるというのが典型的です。

図5-10に典型的な並列処理と並行処理の比較を示します。

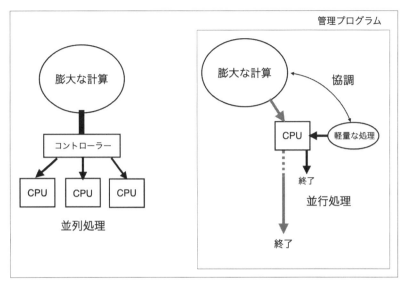

図5-10 典型的な並列処理と並行処理の比較

●時間のかかる処理を無理に作ってみる

並列処理はもちろん、並行処理環境も、自分で作るプログラムからはなかなか実感しにくいものです。**リスト5-4**では、10000数えるのも3つ数えるのも一瞬でした。

そこで、本節では「Sleep」という関数を用いて、処理を無理矢理遅くします。
「Sleep」はGoの標準ライブラリである「time」というパッケージをインポートして用います。

「functions.go」に、「time」パッケージのインポートの追加と、関数「Record」を定義します。（**リスト5-13**）

リスト5-13 「functions.go」に「time」パッケージを追加し、関数「Record」を定義する

```
import (

    //これまでの記述

    "time"

    //ローカルパッケージのインポートは最後にしておく
    "trueserver/data"
)


func Record(s string, times int, interval int) string { //(1)
    time.Sleep(time.Duration(interval)* time.Millisecond) //(2)
    return fmt.Sprintf("%s_%d", s, times)
}
```

関数「Record」の実体は単純です。

引数「s」に渡した文字列と、処理の順番を示すために記しておく番号timesから1つの文字列を作成して戻します。

「times」は、「//(1)」に示す引数の1つです。

たとえばsが"Hello"でtimesが1なら"Hello_1"という文字列を戻します。

この次の処理として、sを"Hello"でtimesを2にしてもう一度関数Recordを実行すると"Hello_2"という文字列を戻すため、処理の順番を出力結果から知ることができます。

この関数「Record」を繰り返して呼び出すことで、「並行処理では命令した順番通りに結果が出ないこともある」のを実感しようというのです。

「//(1)」のもう1つの引数「interval」は、処理を停止する期間です。

「//(2)」に示すように、「times.Millisecond」（1ミリ秒）の倍数ですが、単純に整数倍はできず、このように処理する決まりです。

●Goroutineを開始

Goroutineを開始する処理は「trueserver.go」に書きましょう。

関数「goroutine」を定義して、その中にfunctions.Recordを用いるコードを書きます。

「goroutine」は、ブラウザからURL「goroutine」で呼び出せるようにします。（**リスト5-14**）

リスト5-14 「trueserver.go」に定義する関数「goroutine」と、main関数への追記

```go
func goroutine(writer http.ResponseWriter, req *http.Request){

    fmt.Fprintln(writer, "***Goroutineによるスレッド管理***")

    //(1)Goroutine開始
    go func(){
        for i :=0; i<3; i++{
            fmt.Fprintln(writer,functions.Record("Hello",i,100))
        }
        fmt.Fprintln(writer,"Hello完了です")
    }()

    //(2)そのあとに始まる処理
    for i :=0; i<3; i++{
        fmt.Fprintln(writer, functions.Record("World",i,100))
    }
    fmt.Fprintln(writer,"World完了です")

}

func main(){
    //これまでの記述//
    http.HandleFunc("/goroutine", goroutine)
    //これは必ず一番最後に
    http.ListenAndServe(":8090", nil)
}
```

●無名関数

さて、リスト5-14の関数「goroutine」では何をやっているのでしょう？

まず、「//(1)」の部分を見てください。
「go func」とは踊りたくなるような命令ですが、「go」はキーワードで、そのあとは「func()
{//処理}()」というまとまりです。

このまとまりは、名前のない関数です。「func(){//処理}」までが関数の定義で、最後
の()はこの関数を引数を与えずに呼び出すことを示します。
もし、「func(){//処理}」という関数に「say」という名前が付いていたら、呼び出す時は
「say()」になるのと同じです。（図5-11）

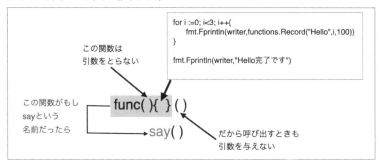

図5-11　無名関数の書き方と意味

●goで関数を呼び出すと

さて、図5-11で示したような関数をgoで呼び出すと、この関数を実行するための別
のルーチンが発生し、元の関数を実行しているルーチンと協調しながら進みます。

リスト5-14を見直しましょう。
「//(1)」で関数が呼び出されると、すぐ次に「//(2)」の処理が始まります。
しかし、どちらも遅れを伴う繰り返しなので、互いに協調しながら繰り返し処理を進め
ます。（図5-12）

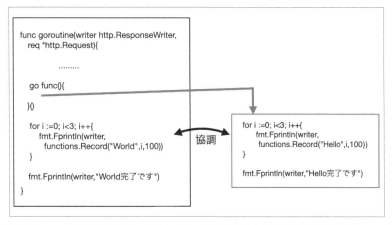

図5-12　goで呼び出した関数の処理と、そのあとに記された処理が協調しながら進んでいく

●プログラムコードで発生させたことに意味がある

　Goroutineの説明であまりされていないことですが、GoのプログラムはすべてGoroutineからなります。

　ただ、今回のサンプルコードでは、プログラムのコードにgoと書いて意図的に発生させたところに意味があります。

　では、ファイルをすべて保存します。「trueserver.go」を再ビルドし、「trueserver.exe」を実行します。

　ブラウザでリスト下記のURL「goroutine」にアクセスします。

http://127.0.0.1:8090/goroutine

　表示結果は、いつも同じではありません。

　「trueserver.exe」は実行中のまま、ブラウザだけ何度か読込み直してみてください。

　筆者の環境では、(a)～(c)などが表示されました。

(a)

```
***Goroutineによるスレッド管理***
World_0
Hello_0
Hello_1
World_1
World_2
World完了です
```

(b)

```
***Goroutineによるスレッド管理***
Hello_0
World_0
World_1
Hello_1
Hello_2
Hello完了です
World_2
World完了です
```

(c)

```
***Goroutineによるスレッド管理***
Hello_0
World_0
Hello_1
World_1
World_2
World完了です
Hello_2
Hello完了です
```

図5-13　実行結果は一律ではない

　発生したGoroutineでは「Hello」という文字列を順に3回出力します。

また、元のルーチンでは「World」と言う文字列を順に3回出力します。

どちらも、出力は、関数「functions.Record」の呼び出しにより行なわれます。
この関数では「100ミリ秒待つ」という処理が行なわれますが、これも処理ですから、「いつ待ち始めるか」「待ち終わったらどうするか」も協調の中に入ります。

ピッタリ100ミリ秒経てば出力が開始するわけではありません。
どう協調させるのは「管理プログラム」であるこのプログラム自身で、CPUなどリソースの使用状況を見ながら管理します。

「協調」といっても、Goroutineのすべての処理が終わるまで待ってくれるまでのことはなく、Goroutineを発生させた関数が終わればGoroutineも終わります。
図5-13の(a)で「Hello」の出力が2回しかされていないのは、開始されたGorouineが終わらないうちに、元の関数「goroutine」が終わってしまったからと考えられます。

リスト5-14の関数「goroutine」で「functions.Record」を呼び出すときは、引数「interval」に渡す値で待ち時間を変更できます。
また、繰り返し回数を3回から変更できます。

関心のある方はいろいろ条件を変えて、出力の順番にどのような傾向が見られるか試して見るといいでしょう。

■待ってくれる「チャンネル」

●値を通す「通路」

リスト5-13の関数「functions.Record」では、一定時間待ったあと、文字列を戻しました。「trueserver,go」の関数「goroutine」では、その文字列をただ出力しています。
そこで、発生したGoroutineの出力がまだ終わらないうちに元のルーチンの処理が終わってしまうと中断されます。

待ってもらう方法はないのでしょうか？実はあります。
それが「**チャンネル**」です。

チャンネルというと、テレビから「切り替え」のような印象がありますが、もともとは「通路」です。
異なるテレビ局からの送信が混線しないように異なる通路を通って受信されるイメージで、その名があります。

●チャンネルに値を送る

簡単なチャンネルの使い方を実践してみましょう。

まず、「functions.go」にリスト5-15のような関数「InChannel」を書きます。

「chan」は配列やスライスと同様、通すデータの型で型付けされるデータ型で、インポートの必要はありません。

リスト5-15 「functions.go」に定義する関数InChannel

```
func InChannel(s string, times int, interval int,
ch chan string){ //(1)
    ch<-Record(s, times, interval)//(2)
}
```

リスト5-15の「InChannel」では、引数にstring型の値を通すchan型である「ch」を引数にとります。戻り値はありません。(//(1))

次に「//(2)」で、これまで使ってきたRecordの値を、引数として受け取った「ch」に送ります。矢印→が変数chに向いているのが「送る」です。

これで、関数「InChannel」の役目は終了です。

●チャンネルから値を受ける

次に、「trueserver.go」に関数「a_channel」を定義します。

関数「a_channel」は、ブラウザからURL「a_channel」で呼び出せるようにします。(リスト5-16)

リスト5-16 「trueserver.go」に定義する関数「a_channel」と、main関数への追記

```
func a_channel(writer http.ResponseWriter, req *http.Request){

    ch := make(chan string)//(1)

    go functions.InChannel("最初はグー", 0, 200, ch)//(2)
    go functions.InChannel("ジャンケンポン", 0, 100, ch)//(3)

    x1 :=<-ch //(4)
    x2 :=<-ch //(5)

    fmt.Fprintln(writer, x1)
    fmt.Fprintln(writer, x2)

}

func main(){
    //これまでの記述//
    http.HandleFunc("/a_channel", a_channel)

    //これは必ず一番最後に
    http.ListenAndServe(":8090", nil)
}
```

リスト5-16の関数「a_channel」で、チャンネルchを作成したのは「//(1)」です。
この関数「make」は、インスタンスを作成してその参照を返します。

ゆえに、「//(2)」および「//(3)」で発生したGoroutineで呼び出した関数の引数にchを渡すと、「//(1)」で作ったインスタンスのコピーではなく参照が渡されるので、インスタンスそのものを利用できます。

「//(2)」および「//(3)」は、どちらも「Goroutine」です。
考え方を簡単にするため、どちらの「Goroutine」でも「functions.Record」を一回だけ呼び出しています。
最初に発生させたほうが、その次に発生させたGoroutineより、処理を遅らす時間が長くなっていますが、いずれも同じchを引数に渡しています。

「//(4)」および「//(5)」は、異なる変数「x1, x2」に、それぞれ「ch」から値を送っています。
矢印←がchから出ているのが「チャンネルから値を受け取る」です。

ここが「チャンネル」の重要なところです。
チャンネルchは、1度に一つしか値を通しません。
チャンネルに1つ値を送ったとき、それを受け取る相手がいないうちは、チャンネルは値を受けつけず、しかし拒否するのではなく待たせます。

チャンネルに値がないときに変数がチャンネルから値を受けようとするとき、エラーにはならず、チャンネルに値が送られるまで待ちます。

そのため、「x1」は「//(2)」および「//(3)」のどちらかから先に送られた値を受け取り、「x2」は後から送られてきた値を受け取ります。

Goroutineの発生自体はすぐに行なわれるので、「//(2)」の次に「//(3)」が実行されるのはコンピュータの性能の許す限りの早さです。

とすると、「x1」には、待ち時間の短い「//(3)」から文字列「ジャンケンポン」が送られるのではないかと予想できます。

この仕組みは図5-14に示す通りです。
「x2」が値を受け取るまで、関数「a_channel」は終わらないので、どちらの値も表示されます。

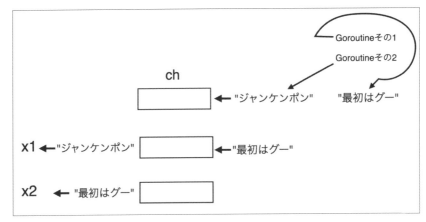

図5-14 チャンネルに値を送る・チャンネルから値を受け取る過程

では、予想通りになるか確かめてみましょう。

ファイルをすべて保存して、「trueserver.go」を再ビルドし、「trueserver.exe」を実行します。

ブラウザから、リスト下記のURL「a_channel」にアクセスします。

```
http://127.0.0.1:8090/a_channel
```

2つのGoroutineで処理を行なう時間差が充分あるので、表示結果は、いつも**図5-15**のようになるでしょう。

> ***Goroutineの出力をチャンネルに受け付ける***
> ジャンケンポン_0
> 最初はグー_0

図5-15 100秒差の待ち時間を伴う処理の順番が逆転することはないはず

●バッファつきのチャンネルを用いる

チャンネルにはバッファを持たせることもできます。

make関数の引数に、何個の値を保持できるかを指定するだけです。

同じ処理を休み休み繰り返す**リスト5-14**のGoroutineを発展させて考えましょう。

関数の中で発生させたGoroutineでは、バッファつきのチャンネルに値を送り続けることにします。

最後に、そのチャンネルから値を全部受け取ります。

便利なことに、バッファつきのチャンネルもバッファのないチャンネルも、送る値の

データ型が同じなら同じ型とされるので、**リスト5-15**のfunction.InChannelが使えます。

「trueserver.go」に関数「b_channel」を定義します。(**リスト5-17**)
関数「b_channel」は、ブラウザからURL「b_channel」で呼び出せるようにします。

リスト5-17　「trueserver.go」に定義する関数b_channelと、main関数への追記

```
func b_channel(writer http.ResponseWriter, req *http.Request){

    fmt.Fprintln(writer, "***バッファつきチャンネル***")

    ch4 := make(chan string, 4) //(1)

    go func(){//(2)
        for i :=0; i<3; i++{
            functions.InChannel("Hello",i,200, ch4) //(3)
        }

        ch4<-"Hello完了です"//(4)

    }()

    for i :=0; i<3; i++{
        fmt.Fprintf(writer, "World_%d¥n", i)//(5)
    }
    fmt.Fprintln(writer,"World完了です")

    for i := 0; i<4; i++ {
        x:=<-ch4 //(6)
        fmt.Fprintln(writer, x)
    }
}

func main(){
    //これまでの記述//
    http.HandleFunc("/b_channel", b_channel)

    //これは必ず一番最後に
    http.ListenAndServe(":8090", nil)
}
```

リスト5-17の関数「b_channel」では「//(1)」でバッファ4個のチャンネルを作成し、その参照をch4に渡します。

「//(2)」で発生させるGoroutineの中でのみ、このch4を用います。
「//(3)」の繰り返しで3個、「//(4)」で4個目の値をch4に送ります。

一方で、関数「b_channel」のルーチンでは、「//(2)」でGoroutineを発生させたあと、「//(5)」に示す繰り返し出力を行ないます。。

147

「functions.Record」すら用いず、普通に出力なので、ケタ違いに早く終わるはずです。

しかし、そのあと、「//(6)」でch4の値を順番に変数「x」に受けては出力させます。

ch4が、値を他に送るまで待っていてくれるなら、「//(5)」が終わったあともこの関数は閉じないはずです。（図5-15）

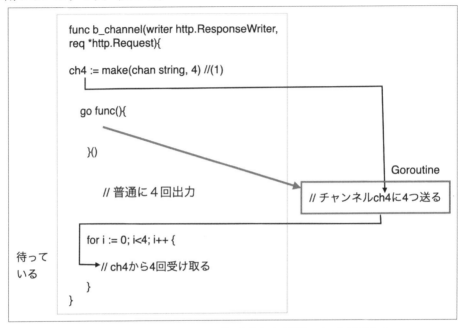

```
func b_channel(writer http.ResponseWriter,
req *http.Request){

ch4 := make(chan string, 4) //(1)

    go func(){

    }()

        // 普通に4回出力                    // チャンネルch4に4つ送る

        for i := 0; i<4; i++ {

            // ch4から4回受け取る

        }
}
```

Goroutine

待っている

図5-15　発生させたGoroutineで送った値をch4は保っていてくれるか？

ファイルをすべて保存して、「trueserver.go」を再ビルドし、「trueserver.exe」を実行します。

ブラウザで下記のURL「b_channel」にアクセスします。

http://127.0.0.1:8090/b_channel

図5-16のように、まず普通に出力した「World」を含む文字列のあと、Goroutineからch4に送られた「Hello」を含む文字列も全部出力されます。

```
***バッファつきチャンネル***
World_0
World_1
World_2
World完了です
Hello_0
Hello_1
Hello_2
Hello完了です
```

図5-16　ケタ違いに遅いGoroutineが終わるまでch4は待ってくれていた

5-4　ファイルの読み書き

Goのファイルの読み書きはそれほど変わった記法ではなく、むしろ、非常に簡単です。
それだけに、ここで押さえておきましょう。
扱えるデータの量が豊かになります。

■ファイルを読む

●パッケージosの関数「ReadFile」

驚くべきことに、Goの標準ライブラリであるパッケージosには、ファイルを読み書きする関数があります。

「os」と名がつくライブラリは、普通はファイルのパスやファイルそのものの操作を行なうもので、ファイルから読んだりファイルに書いたりするのには「io」と名がつくライブラリを想像するでしょう。

たしかに、Goにも「io」というパッケージがあり、さまざまなReaderやWriterというデータ型があります。
これらはみな機能が高かったり、扱うデータが詳細だったりします。

しかし、「ざっくりファイルの内容を文字列として読み込んで、あとはなんとかする」「文字列をファイルに書き込めればよい」というような目的には、パッケージosにある関数「ReadFile」及びWriteFileを使えます。

なお、Goの文字コードの標準はUTF-8なので、UTF-8で書いたファイルから読み込むのが無難です。

●読み込むファイルを用意する

ファイルを用意しましょう。
リスト5-18のような内容のファイル「readtest.txt」を作ります。
最後の行は改行して構いません。

リスト5-18　readtest.txt

```
10,30.2
15,25.6
20,22.3
25,21.8
```

リスト5-18は、「カンマ区切りデータ（CSV）」を想定しています。

149

カンマの後には空白を置かないのが無難です。

自動記録の計測器などではカンマのあとに空白を置かないCSV文書を作成してくれます。

ファイルの置き場所は、**図5-17**の通りデータに関するフォルダ「data」が良いでしょう。

図5-17　readtest.txtをフォルダdataの中に置く

●ファイルを読み込む関数

ファイルを読み込む関数は単純ですが、パッケージのインポートはなるべく「functions.go」にまとめたいので、「functions.go」にパッケージosのインポートと関数「ReadMyFile」を作成します。（リスト5-19）

リスト5-19　「functions.go」に記述するパッケージosのインポートと関数「ReadMyfile」

```
import (
    //これまでのインポート
    "os"

    //カスタムパッケージは最後にしておく
    "trueserver/data"
)

func ReadMyFile(filepath string) string{
    data, err := os.ReadFile(filepath) //(1)
    if err != nil{
        return "ファイルを開けませんでした"
    }
    return string(data) //(3)

}
```

リスト5-19のReadMyFile中で、「os.ReadFile」を読み込みます。

引数「filepath」には相対パスの文字列を渡せます。
戻り値が2つあり、最初の変数dataで受け取るのがファイルの中身、もう一つの変数errで受け取るのがGoの処理系からのエラー報告です。
正常に読み込めれば、errは値を受け取りません。なお、Goで「空」を示すのは「//(2)」に示すように「nil」です。

エラーがあればerrには報告が文字列で渡されますが、関数「ReadMyFile」からは適当な文字列を戻しておくほうが簡単です。
正常に読み込めれば、「//(3)」のようにファイルの内容が文字列として戻ります。

次に、「trueserver.go」に関数「files」を定義します。
本書で「trueserver.go」に定義する最後の関数です。
「files」は、ブラウザからURL「files」で呼び出せるようにします。(リスト5-20)

リスト5-20　「trueserver.go」に定義する関数filesと、main関数への追記

```go
func files(writer http.ResponseWriter, req *http.Request){

    fmt.Fprintln(writer, "*** ファイルを読む ***")
    readdata:= functions.ReadMyFile("data/readtest.txt") //(1)
    fmt.Fprintln(writer,readdata)

}


func main(){
    //これまでの記述//
    http.HandleFunc("/files", files)

    //これは必ず一番最後に
    http.ListenAndServe(":8090", nil)
}
```

簡単ですね。簡単すぎるので、関数「files」にはこのあともう少し追記しましょう。
そのために、読み込んだ内容を一旦変数「readdata」に渡しておきます。(//(1))

ファイルをすべて保存して、「trueserver.go」を再ビルドし、「trueserver.exe」を実行します。
ブラウザで下記のURL「files」にアクセスします。

```
http://127.0.0.1:8090/files
```

図5-18のように、ファイルの内容がそのまま表示されれば成功です。

```
***ファイルを読む***
10,30.2
15,25.6
20,22.3
25,21.8
```

図5-18 ファイルの内容を表示した

●ファイルを一行ずつ読み込む？

さて、ファイルを1行ずつ読み込むにはどうしたらよいでしょうか？

それよりは、読んだ文字列を一行ずつに分けたほうが簡単です。

区切り文字(文字列)を指定して、区切った文字列一式をスライスの要素にして返すという便利な関数「Split」があります。

これは、Goの標準ライブラリstringsにあります。

このパッケージも、「functions.go」にまとめてインポートしておきたいところです。

そこで、「functions.go」にこのライブラリstringsのインポートと、関数「SplitByLine」を定義しましょう。**リスト5-21**の通りです。

リスト5-21 「functions.go」に記述するパッケージstringsのインポートと関数「Split」ByLine

```go
import (
    //これまでのインポート
    "strings"

    //カスタムパッケージは最後にしておく
    "trueserver/data"
)



func SplitByLine(data string)[]string{
    return strings.Split(data, "¥n")
}
```

リスト5-21の関数「functions.SplitByLiine」を用いるには、「trueserver.go」に**リスト5-20**で定義した関数filesの中に、続けて**リスト5-22**のように書きます。

リスト5-22　「trueserver.go」に定義した関数filesへの追記

```
fmt.Fprintln(writer, "¥n*** ファイルの内容を1行ずつ分ける ***")

lines := functions.SplitByLine(readdata) //(1)

for i, v := range lines{ //(2)
    if len(v)>0{ //(3)
        fmt.Fprintf(writer,"(%d) %s¥n", i+1, v)     //(4)
    }
}
```

　リスト5-22ではリスト5-20で変数readdataに渡したファイルの内容を用います。
「//(1)」にある通り、引数に「readdata」と、区切り文字として"¥n"を渡します。
戻り値は「lines」という変数に受け取ります。

　本当に1行ずつ分かれたかを示すために、「lines」の各要素に番号をつける処理をします。
そのため、繰り返しには要素のインデックス「i」と内容「v」の2つの変数を用意します。
(//(2))

　ただし、リスト5-16のファイルreadtest.txtで最後の行を改行していると、その次の行が空の文字列として「line」の要素に入ります。
「lines」の内容を単純に繰り返すと、空の行にも行番号がついて表示されることになります。
それは避けたいと思います。

　そこで「//(3)」の条件です。
空の文字列かどうかを判定するには、文字列の長さを関数lenで求めます。
　この「長さ」は1バイトを1としますが、空であれば0なので、ファイルの内容が1バイト系でもマルチバイト系でも、空でなければ0より大きいというのは変わりません。

　「//(4)」では、行番号は普通1から始めるので、0から始まるインデックス「i」に1を足して出力しています。

　ファイルをすべて保存します。
「trueserver.go」を再ビルドし、「trueserver.exe」を実行します。
ブラウザでリスト5-26のURL「files」に再アクセスします。

　ブラウザで図5-18の画面を出したままであれば、再読込すれば表示されます。
図5-19の通り表示されれば、成功です。

```
***ファイルの内容を1行ずつ分ける***
(1) 10,30.2
(2) 15,25.6
(3) 20,22.3
(4) 25,21.8
```

図5-19 ファイルの内容をあとで1行ずつ分けることで、「1行ずつ読み込み」を達成

■ファイルに書き込む

●パッケージosの関数「WriteFile」

　最後に、パッケージ「os」の関数「WriteFile」でファイルに文字列を書き込む練習をしましょう。

　「functions.go」には、すでにパッケージ「os」をインポートしてあるので、関数「WriteMyFile」を定義します。(**リスト5-23**)

リスト5-23　「functions.go」に定義するWriteMyFile

```
func WriteMyFile(filepath string, content string) string{ //(1)

    err := os.WriteFile(filepath, []byte(content), 0666)//(2)

    if err != nil{
        return "ファイルを書き込めませんでした"
    }
    return fmt.Sprintf("%sに書き込みました", filepath)

}
```

　関数「WriteMyFile」では、「//(1)」のように戻り値を文字列にしています。

　なぜなら、関数「os.WriteFile」では、エラーがあった場合の報告を文字列として戻すからです。

　エラーがなければ戻り値は「nil」になりますが、そのかわり「正常に書き込めたと」いうメッセージを戻すようにすれば、エラーがあってもなくても、必ず文字列を戻すことができます。

　「os.WriteFile」の引数は「//(2)」に示すように3つあります。

　ファイル名を含むファイルパス、ファイルの内容、ファイルのアクセス権限を示す定数です。

　ファイルの内容は[]byteというスライスでなければなりませんが、これはただ文字列

の引数「content」を「//(2)」のように変換するだけです。

アクセス権限を示す「0666」は、Goのライブラリ「fs.FileMode」というデータ型で、文字列ではないので引用符をつけず、数値でもないので最初は0から始めます。

ローカルにあるファイルに変なアクセス制限をつけるとあとで面倒なので、この関数WriteMyFileでファイルを書く時は読み書き自由な0666に統一します。

「trueserver.go」のリスト5-20で定義した関数filesの中に、続けてリスト5-24のように書きます。

リスト5-24　「trueserver.go」に定義した関数filesにさらに追記

```
fmt.Fprintln(writer, "¥n*** ファイルを書く ***")

writedata := readdata+"40,2.4¥n" //(1)
fmt.Fprintln(writer,
    functions.WriteMyFile("data/writetest.txt", writedata)) //(2)
```

リスト5-24では、ファイルから読み込んだデータの内容「readdata」に、同じようなカンマ区切りのデータを想定した文字列を加えます。
それが「//(1)」の変数「writedata」です。

最後の「//(2)」では、関数「functions.WriteMyFile」を呼んだ戻り値をブラウザに出力します。
この出力自体はそれほど重要ではありませんが、関数を呼び出しているところが重要です。
ファイルパスはdataフォルダに置く「writetest.txt」という名前のファイルで、書き込む内容は変数「filedata」の値です。

なお、アクセス宣言は、関数「functions.WriteMyFile」の中で決めてしまったので、指定の必要はありません。

ファイルをすべて保存し、「trueserver.go」を再ビルドし、「trueserver.exe」を実行します。

ブラウザでリスト5-26のURL「files」に再アクセスします。
図5-19の画面を出したままであれば、再読込すれば表示されます。

図5-20の通り表示されれば、まずはエラーが出なかったことになりますが、本当に書き込まれたのか、フォルダ「data」のファイルおよびその内容を確認しましょう。

ファイルを書く
data/writetest.txtに書き込みました

図5-20 ブラウザにこう表示されれば、最低エラーはなかった

図5-21 VSCodeのエクスプローラーで「writetest.txt」を確認

```
≡ writetest.txt  ×

trueserver > data > ≡ writetest.txt
   1    10,30.2
   2    15,25.6
   3    20,22.3
   4    25,21.8
   5    40,2.4
   6
```

図5-22 writetest.txtの内容。readtest.txtの内容にデータを1行追加できている

　おつかれさまでした。
　Goのプログラミングだけでなく、Webサーバとしての利用や、モジュールとして内容を複数のファイルに分ける方法も実践したので、本書の内容がみなさんにとって、さらに専門的な方向へGoを学習していくための道具となれば大変幸いです。

索引

[著者略歴]

清水 美樹 (しみず・みき)

技術系フリーライター。初心者用の解説本を得手とする。東京都で生まれ、
宮城県仙台市で育ち、東北大学大学院工学研究科博士課程修了。工学博士。
同学助手を 5 年間務める。当時の専門は、微粒子・コロイドなど実験中心で、
コンピュータやプログラミングはほぼ独習。技術系英書の翻訳も行なう。

[主な著書]

- Python の「マイクロ・フレームワーク」「Flask」入門, 工学社
- はじめての Rust, 工学社
- Bottle 入門, 工学社
- パッと学ぶ「機械学習」, 工学社
- 大人のための Scratch, 工学社
- はじめての Play Framework, 工学社
- はじめての Java フレームワーク, 工学社
- Java ではじめる「ラムダ式」, 工学社
- はじめての Kotlin プログラミング, 工学社
- はじめての Angular4, 工学社
- はじめての TypeScript 2, 工学社
……他、多数執筆

質問に関して

本書の内容に関するご質問は、

① 返信用の切手を同封した手紙
② 往復はがき
③ FAX(03)5269-6031
　(ご自宅の FAX 番号を明記してください)
④ E-mail　editors@kohgakusha.co.jp

のいずれかで、工学社編集部あてにお願いします。
なお、電話によるお問い合わせはご遠慮ください。

サポートページは下記にあります。

[工学社サイト]
http://www.kohgakusha.co.jp/

I/O BOOKS

キャリアアップのための Go 言語入門

2023 年 2 月 25 日　初版発行　© 2023

著　者　　清水　美樹
発行人　　星　正明
発行所　　株式会社**工学社**
〒 160-0004 東京都新宿区四谷 4-28-20 2F
電話　　　(03)5269-2041 (代) [営業]
　　　　　(03)5269-6041 (代) [編集]
振替口座　00150-6-22510

※定価はカバーに表示してあります。

[印刷] シナノ印刷 (株)

ISBN978-4-7775-2239-2